REFLEXÕES SOBRE A DEFESA NACIONAL

A Defesa Nacional, mais do que um dever, é um direito inalienável de todo cidadão brasileiro.

Washington Machado

2020

Para Lili

APRESENTAÇÃO

Há alguns pares de anos atrás, o Doutor em "Aeronautics and Astronautics" pela Stanford University, EUA, o General de Divisão da Reserva do Exército José Carlos Albano do AMARANTE, aproximou-me de dois amigos seus. Um era o Vice-Almirante Marcio da Cunha BOAVISTA e o outro o Major-Brigadeiro do Ar WASHINGTON Carlos de Campos Machado. O primeiro já havia tido o prazer de conhecer, apresentado por um amigo comum, o Comte Prof. Dr. Eduardo BRICK. O segundo ainda não. Todos os três eram reconhecidos oficiais-generais das nossas três forças armadas, sendo o autor desta apresentação o único civil. O objetivo do General Amarante era formar um grupo de especialistas nas questões relativas à Defesa Nacional com o olhar do futuro a médio e a longo prazos.

Durante um bom tempo, em geral na casa do patrocinador dos encontros, o General Amarante, o grupo se reuniu com certa sistematicidade. A partir de conversações as mais ricas e fecundas, surgiu, paulatinamente, a ideia de se escrever um livro a quatro mãos sobre os desafios estratégicos de um país que - não obstante seus grandes problemas políticos, sociais e econômicos - chegara à posição de uma das dez grandes potências no sistema-mundo. Em torno de uma perspectiva comum – que não poderia ser outra a não ser a grandeza do Brasil - a ideia era reunir as expertises de cada um visando identificar as bases, os meios e os objetivos que pudessem contribuir para se pensar na defesa e na segurança do Brasil no âmbito do século XXI, permeado por novas e velhas ameaças de todas as mais diversas espécies.

O projeto chegou a tomar fôlego, mas foi interrompido, primeiro, pela doença que, durante algum tempo, vitimou o incentivador de tudo, o general Amarante, e, depois, por sua passagem, em junho de 2016. A perda resultou em dolorido impacto nos três parceiros sobreviventes. Estes, no decorrer das alongadas conversações durante anos, na medida em que a identidade de ideias e valores forja visão compartilhada do mundo, tornaram-se amigos. Resolveram, então, ao invés de se dispersarem, estreitar ainda mais seus laços de camaradagem, mantendo, mensalmente, encontros em memória ao querido companheiro que se fora, ao mesmo tempo que continuavam suas conversas sobre as mais diversas questões estratégicas do país.

Desses encontros surgiram já vários trabalhos publicados pelos dois oficiais-generais, sendo que o aqui agora apresentado desde já se constitui em valioso roteiro para se estudar e pesquisar algumas das questões mais candentes relativas à defesa e à segurança da nação brasileira.

O texto está organizado em três partes distintas, mas consistente e coerentemente interligadas, tendo em vista os objetivos pretendidos. A primeira revisita e atualiza o fenômeno da guerra à luz da situação presente e futura. A segunda reflete sobre o principal vetor da guerra, o poder militar, enquanto a terceira foca o palco último onde ocorre o choque entre vontades inconciliáveis, o combate, nas suas diversas configurações.

Nas últimas décadas, progressivamente, o Brasil tem saído dos subúrbios do sistema mundial para o seu centro, em função do incremento de sua economia e de sua crescente importância geopolítica. Na medida em que isso vai ocorrendo, mais fica ele exposto aos ziguezagues da luta de poder no sistema internacional que é sempre, afinal, definida em termos de interesses nacionais conflitantes.

Este trabalho resulta de longa experiência do autor no trato e na reflexão de assuntos que envolvem grande abrangência, complexidade e importância para o presente e o futuro do país. Escrito com notável clareza, objetividade e espírito de síntese, está destinado a estimular o bom debate nos meios políticos, econômicos, acadêmicos e militares.

Já se disse que você pode não estar interessado na guerra, mas a guerra estará sempre interessada em você. De igual modo, a nação não pode ficar alheia aos temas da defesa nacional e da segurança do país. Eles requerem políticas públicas que sejam capazes de garantir o fundamental, a soberania do Estado brasileiro.

Eurico de Lima Figueiredo*

* Professor Titular e Emérito da Universidade Federal Fluminense. Idealizador e primeiro Diretor do Instituto de Estudos Estratégicos (INEST) da Universidade Federal Fluminense (UFF). Colaborador Emérito do

Exército Brasileiro. Colaborador Permanente do Centro de Estudos Políticos e Estratégicos da Escola de Guerra Naval (CEPE/EGN). Sócio titular do Instituto Geográfico e Histórico Militar do Brasil (IGHMB). Membro do Conselho Consultivo do Instituto Meira Mattos da Escola de Comando e Estado Maior do Exército (IMM/ECEEME). Ex-Presidente e Associado Emérito da Associação Brasileira de Estudos da Defesa (ABED).

PREÂMBULO

A publicação das Reflexões sobre a Defesa Nacional é uma homenagem à memória do inesquecível amigo, General de Divisão e Engenheiro José Carlos Albano do Amarante, um dos baluartes do pensamento estratégico da defesa nacional.

Tem como referência global as lições apreendidas do agradável e instrutivo convívio com meus diletos amigos, o Professor Dr. Eurico de Lima Figueiredo, o General de Divisão José Carlos do Albano Amarante (*in memoriam*) e o Vice-Almirante Marcílio Boavista da Cunha. Todos dotados de elevado conhecimento dos problemas nacionais e de destacada cultura estratégica.

A alta relevância dos temas tratados nas nossas frequentes reuniões, especialmente sobre relações internacionais e defesa nacional, fez-me parecer injusto não tentar estender o debate a outras pessoas também interessadas. Daí nasceu a ideia deste livreto, que, embora limitado em escopo, busca despertar consciências sobre aspectos significativos da defesa nacional.

O propósito é de discutir, de forma conceitual e generalista, o tema de maior significância para a sobrevivência do Brasil: a defesa nacional. A narrativa abrange os campos das relações internacionais, dos riscos à soberania nacional, das formas de prevenir as pressões e eventuais agressões externas, do patrimônio militar e da capacidade de combate atual e futura. Permeia todo o texto o mote de que o sucesso dos militares na nobre missão de defender a Pátria é, fundamentalmente, dependente do envolvimento e participação da sociedade no mesmo propósito.

Sou grato pelo privilégio e honra de contar com os textos de Apresentação e Prefácio elaborados pelos meus amigos, Professor Eurico e Almirante Boavista. Suas participações agregam valor à obra.

O trato de temas relativos ao desenvolvimento pessoal, patriotismo, ética e vontade nacional, fez-me reviver as lições e exemplos de vida e cidadania de meus pais, Angélica e Benedito. Agradeço a Deus o privilégio de ter nascido filho dessa abençoada união.

Ao Sr. Marco Aurélio de S. Cabral, meu muito obrigado pela gentileza da formatação e configuração do livreto para sua impressão.

Finalmente, na esperança de que as considerações apresentadas possam contribuir para a formação da vontade nacional de estarmos preparados para defender a Pátria, onde e quando for ameaçada, desejo a todos uma agradável leitura.

O autor: Washington Carlos de Campos Machado*

Nota: As críticas e contribuições serão bem-vindas pelo e-mail wccm1943@gmail.com.

*Major Brigadeiro do Ar Reformado e Membro Nato da Fundação de Serviços de Defesa e Tecnologias de Processos (SDTP).

PREFÁCIO

Este livreto aborda relevantes questões sobre a defesa nacional, o patrimônio militar e a capacidade de combate das Forças Armadas. É uma importante contribuição para o esclarecimento de destacados setores da sociedade.

O prestigiado autor, Major-Brigadeiro Washington Carlos de Campos Machado, Diretor Presidente da Fundação Serviços de Defesa e Tecnologias de Processos (SDTP), aborda o tema com autoridade por ter acumulado vasta experiência ao longo da carreira, exercendo funções como as de Chefe do Departamento de Logística do Ministério da Defesa, Comandante do Terceiro Centro Integrado de Defesa Aérea e Controle de Tráfego Aéreo, Diretor-Geral do Departamento de Aviação Civil do Brasil, e Gerente do Projeto Sistema de Vigilância da Amazônia e do Projeto de Comunicações, Navegação e Vigilância no Tráfego Aéreo.

O documento é destinado a pessoas com responsabilidade pelos destinos do País, tanto dirigentes e planejadores, quanto políticos, acadêmicos e intelectuais interessados no assunto, e procura envolvê-los no debate sobre um dos temas de maior significância para a sobrevivência da Nação: a defesa nacional - antes reservada exclusivamente aos militares.

No cenário internacional, os grandes atores ainda são os Estados e assim permanecerão por muito tempo. Eles utilizam seus recursos e potenciais em busca de progresso, conquista dos objetivos nacionais e atendimento das necessidades de suas populações. Com isso, tendem a conquistar maiores espaços políticos e econômicos, muitas vezes deslocando ou reduzindo o espaço ocupado por outros. Essa atuação "perturba" o ambiente político e econômico vigente e costuma gerar pressões, bloqueios e retaliações que precisam ser dissuadidos ou contidos por mecanismos de defesa.

O Brasil vive esse tipo de situação. Apesar de todas as dificuldades que enfrenta, o País cresce, aumenta sua influência, conquista mercados e precisa ser defendido. Enquanto o Estado brasileiro busca vencer os desafios econômicos e sociais, não pode descuidar da defesa nacional.

Assegurar a defesa nacional, segundo a Constituição, compete à União, é responsabilidade de todos os componentes do Estado, isto é, envolve toda a sociedade, todos os brasileiros (Artigo 21, III) – Como diz o autor, "a Defesa Nacional, mais do que um dever, é um direito inalienável de todo cidadão brasileiro".

Para sua defesa, a Nação conta com as expressões do Poder Nacional – política, econômica, psicossocial, militar e científica e tecnológica – que atuam juntas para conter quaisquer tipos de ameaças, predominando ora uma, ora outra. As Forças Armadas, representantes do Poder Militar, são elementos essenciais à defesa da Pátria, mas não seus únicos defensores.

Não se pode acreditar que os problemas enfrentados pelo Estado brasileiro possam ser resolvidos unicamente nas mesas de acordo e negociação, sem o respaldo de Forças Armadas competentes e respeitadas. Recordando Rui Barbosa: "As nações que confiam mais em seus diplomatas do que nos seus marinheiros e soldados estão fadadas ao insucesso". Por outro lado, as Forças Armadas não se tornam respeitadas sem demonstrar o valor de seu patrimônio militar, material e imaterial, aqui discutido, e de sua competência em utilizá-lo eficazmente em combate.

Essa respeitabilidade não pode ser atingida sem o apoio de sólida base industrial, logística, científica e tecnológica nacional de defesa (BID), capaz de desenvolver e produzir os meios e recursos necessários ao combate - a tempo, à hora e com tecnologia apropriada. E a BID não pode se sustentar apenas em produtos básicos importados, sem uma genuína e desenvolvida base industrial nacional.

Por último, o texto enfatiza a necessidade de constante aprimoramento da capacidade de combate das Forças Armadas, tanto em termos materiais quanto imateriais. Aqueles, centrados na capacidade de execução eficiente das funções tecnológicas do combate - sensoriamento, processamento, posicionamento, atuação e logística – que dependem intensamente do desenvolvimento do tripé ciência, tecnologia e engenharia.

Conscientizar dirigentes e planejadores nacionais, assim como políticos, acadêmicos e intelectuais, sobre a importância das questões relacionadas com a defesa nacional e com o preparo das Forças Armadas é necessidade permanente, e este documento contribui fortemente para este propósito.

Marcílio Boavista da Cunha*

* Vice-Almirante (EM), Doutor em Engenharia de Sistemas, Doutor em Ciências Navais, Conselheiro do Centro de Estudos Político-Estratégicos da Marinha e do Instituto Meira Mattos, ex-Diretor do Centro de Mísseis e Armas Submarinas, ex-Diretor do Instituto de Estudos do Mar Almirante Paulo Moreira, ex-Diretor da Diretoria de Engenharia Naval e ex-Diretor-Presidente da Empresa Gerencial de Projetos Navais.

Índice

INTRODUÇÃO

A ideia central deste livreto, conforme indica o seu título, é de fazer uma reflexão sobre alguns aspectos da defesa nacional.

Parte do princípio de que nenhuma nação está livre das agruras de opressões e de agressões externas à sua soberania; incluindo o Brasil, a despeito de nossa índole e tradição pacifistas. Bem como, da imperiosa necessidade de estarmos permanentemente alertas e preparados para evitar os confrontos e, se impossível, vencê-los.

A essência do provérbio romano *"si vis pacem para bellum"*[1] permeia todo o texto, o qual é direcionado especialmente às pessoas (civis e militares) com responsabilidade pelos destinos do País, aos formadores de opinião e, em última instância, aos cidadãos e cidadãs interessados no tema. Não tem a pretensão do convencimento de suas proposições, mas, apenas, o propósito de despertar consciências e o interesse das forças vivas da nossa Nação.

Pretende apresentar o complexo campo da defesa nacional em termos gerais, discuti-lo conceitualmente e opinar seletivamente sobre tópicos específicos. A narrativa aborda, dentre outros, os seguintes assuntos:

---

[1] Provérbio atribuído ao escritor romano dos Séculos IV ou V, Públio Flávio Vigécio Renato,

• Os riscos à segurança nacional, especialmente na Região Amazônica, e as medidas para mitigá-los ou contê-los;

• A avaliação de ameaças e a determinação dos meios e estratégias necessárias à sua contenção;

• O Poder Militar, frente a outras necessidades do País, e os bens à disposição das Forças Armadas, compondo o Patrimônio Militar;

• A Capacidade de Combate Atual, como fator primário de dissuasão de pressões e ameaças externas, sua composição e a identificação de necessidades de recursos ou de ações preventivas;

• As medidas estratégicas para o desenvolvimento futuro do Poder Militar, de forma a dotar o Brasil de uma capacidade de dissuasão proporcional à posição que pretende ocupar no concerto das nações.

Finalmente, a narrativa, implícita ou explicitamente, busca deixar patente o dever e o direito de todos brasileiros e brasileiras (civis e militares) de participarem da defesa nacional, cada um com suas competências e atribuições.

PARTE I – REVISITANDO CONCEITOS

1 - Das Guerras

Conforme explica o Professor Eurico de Lima Figueiredo: é senso comum e fato histórico que as relações entre nações são fundamentadas unicamente em seus próprios interesses; não há o caso de nações amigas ou inimigas; e de nações do bem ou do mal.

As adjetivações das relações internacionais são conjunturais e balizadas pela coincidência ou não dos seus interesses temporais: se coincidentes, são consideradas amigas; se divergentes, oponentes. A volatilidade dessa relação foi bem explanada por Lorde Palmerston[2]: *"A Inglaterra não tem amigos eternos. A Inglaterra não tem inimigos perpétuos. A Inglaterra tem somente eternos e perpétuos interesses."*

Em benefício dos interesses de sua pátria, os governantes adotam políticas e ações que podem vir a contrariar os interesses de outras nações. Isso ocorre constantemente, em especial no campo econômico, sendo em grande parte resolvidas por negociações diretas ou pela intervenção da Organização das Nações Unidas. Não obstante, quando não satisfatoriamente atendidos os interesses das partes, resta um ambiente de tensão e antagonismo, ensejando retaliações e recrudescimento das relações, podendo resultar em violência de diversas naturezas. Nessas circunstâncias, para um observador

---

[2] Lorde Palmerston, Henry John Temple (Terceiro Visconde de Palmerston) – 1784 a 1865 – duas vezes Primeiro Ministro da Inglaterra.

externo e imparcial, é quase impossível determinar de que lado está o bem ou o mal.

Uma nação considerada amiga, hoje, pode não o ser amanhã; e vice-versa.

Devido, ainda, à incompetência ou à ambição desmedida de governantes, um significativo número de divergências de interesses entre nações são artificialmente criados ou não são suficientemente resolvidos, aumentando o clima de tensão internacional e de ameaça à paz. Assim, o mundo tem vivido em constante estado de guerra, trazendo sofrimento e ceifando vidas de inocentes.

O término da Guerra Fria[3], simbolicamente marcado pela queda do Muro de Berlim, em 1990, foi celebrado no mundo todo como o fim da terrível ameaça de destruição da humanidade, em consequência de uma guerra nuclear, e o início de um período de paz mundial. Entretanto, o que se seguiu foi extremamente frustrante: inúmeros conflitos prosseguiram ou eclodiram ao redor do planeta.

É possível que, em algum tempo da história, a humanidade tenha conhecido um período de paz em todos os continentes, mas, lamentavelmente, com base no que ocorre hoje, até entre povos considerados evoluídos, é duvidoso que isso possa ter acontecido. É uma triste constatação, mas as guerras, revoluções, atos terroristas são atualmente tão comuns que

---

[3] Guerra Fria: período de disputas estratégicas e de conflitos indiretos pela hegemonia mundial entre os Estados Unidos e a União Soviética, do fim da segunda grande guerra (1945) até a extinção da União Soviética (1991).

saíram dos livros de história para povoarem nossos lares. Diariamente, os canais de televisão nos informam e mostram cenas de ações de combate de vários matizes, chegando mesmo a transmitir batalhas ao vivo, banalizando a violência. Tal vulgarização de fatos tão terríveis não pode ser imputada aos meios de comunicação, mas à dura realidade das relações entre povos de todo o Planeta.

A conscientização dos horrores da guerra nos remete à lembrança do dever humanitário de condenar a violência e promover a paz mundial. Este é, sem dúvidas, o sentimento e o pensamento do povo brasileiro, muito bem refletido em nosso ordenamento jurídico e nas ações da nossa diplomacia. Entrementes, não sendo possível ver realizado o sonho de paz mundial, resta-nos a esperança de que a guerra permaneça bem longe de nosso território e de nosso povo.

Entretanto, constitui grave erro histórico imaginar que a posição geográfica do Brasil, a constatação de que não existem no nosso relacionamento internacional as causas políticas, religiosas e econômicas dos conflitos beligerantes em curso e, ainda, que a nossa opção constitucional pela paz sejam garantias suficientes de que, ao longo do tempo, estaremos imunes à ação violenta de outros países. É sempre bom ter em mente que nenhuma nação está totalmente livre dos horrores da guerra, pois, direta ou indiretamente, mesmo contra a vontade de seu povo e de seus governantes, pode ser compelida a envolver-se em conflitos armados.

A ameaça da guerra, que pesa sobre as cabeças de todos, é maior ainda para países alvo de ambições internacionais, mercê de suas riquezas naturais, tais como, disponibilidade abundante de água doce, jazidas de minerais estratégicos, potencial de geração de energia elétrica (hidráulica, solar, eólica), reservas de petróleo e gás, intensas áreas agriculturáveis.

O risco de um atentado à soberania desses países agrava-se muito para aqueles não dotados de uma capacidade nacional de defesa suficiente para impor respeito e temor a qualquer potencial agressor. Nesse aspecto, não se aplica o dito popular de que quando um não quer, dois não brigam.

Não obstante, é importante ter em mente que a guerra é o último nível de imposição da vontade de uma nação sobre outra. Antes disso, estão em cena as pressões políticas e econômicas, por meio de restrições comerciais, vedações ou impedimentos à aquisição ou desenvolvimento de tecnologias sensíveis, condições desfavoráveis de acesso ao mercado financeiro internacional, e outras. Juntas, essas imposições de vontade exógena podem causar danos comparáveis à derrota em um conflito bélico.

Observando o atual cenário das relações internacionais, verifica-se quão válida permanece a relação entre política e guerra formulada por Clausewitz[4], no início do Século XIX: "*A guerra é a continuação da política por outros meios*". A qual, se lida de forma inversa, deixa entender que a política é a continuação da guerra por outros meios.

---

[4] General Prussiano Carl Von Clausewitz (1780 – 1831), autor da obra Von Kriege (Da Guerra), um dos mais importantes tratados sobre política e guerra.

Constata-se facilmente que estamos em permanente estado de conflito, seja político e econômico, seja pela guerra. Nessas duas situações, o melhor ou predominante papel é reservado ao detentor da mais potente capacidade militar. O exercício do poder político e econômico nas relações internacionais, tal e qual na guerra, depende fundamentalmente do poder militar relativo entre as nações envolvidas.

A possibilidade de as forças armadas de uma nação imporem danos físicos insuportáveis a outras é o principal fator para impedir ou moderar tentativas exógenas de opressões políticas e econômicas; pois, o rompimento da tênue linha entre os dois tipos de conflitos (político e guerra) poderá trazer consequências indesejáveis. Neste particular, as nações detentoras de armas nucleares e seus veículos lançadores levam uma nítida vantagem em relação às demais.

A aliança indelével entre a diplomacia (poder de persuasão) e as forças armadas (poder de dissuasão) é a única ferramenta de sobrevivência de uma nação nos dois tipos de conflitos: nos períodos designados de paz, onde os combates são travados na arena da política, e nos de guerra, com o emprego de forças de combate. O sucesso da diplomacia, a despeito da arte e competência dos diplomatas, é diretamente proporcional ao poder relativo de combate de suas forças armadas. Ilustra bem essa condição a frase do Barão do Rio Branco: *"É muito bom discutir acordos tendo por trás de si uma esquadra com credibilidade"*.

É importante o entendimento de que as guerras são disputas entre nações e não apenas contendas entre forças armadas; por isso, evitá-las ou deflagrá-las é da responsabilidade única dos políticos que gerem os seus destinos. Cabe à diplomacia e aos militares tão somente o cumprimento de suas missões com os meios que o seu Estado lhes proporciona.

Os políticos têm por missão servir ao seu povo e a ele devem prestar contas de seus atos, o que, indiretamente, eleva a responsabilidade da guerra a cada um dos cidadãos e cidadãs do país. Estes, por sua vez, não podem se eximir de seus deveres com a defesa da Pátria e de expressar suas vontades e orientações aos políticos.

O Brasil enquadra-se entre aquelas nações com maiores atrativos a eventuais ambições imperialistas ou intervencionistas de estrangeiros, sejam de países, grupo de países e até de organizações internacionais lícitas e ilícitas. Possuímos mais de cinco milhões de quilômetros quadrados de floresta tropical, com indescritível biodiversidade; o mesmo tanto de plataforma continental marítima (pela sua pujança de biodiversidade, minerais, petróleo e gás, denominada de Amazônia Azul); a maior reserva de água doce do mundo, tanto na superfície (bacias hidrográficas), como subterrâneas (aquíferos[5]); imensas áreas de terras férteis; e enormes jazidas de petróleo, gás e minerais estratégicos.

É conhecida e real a ambição das potências econômicas e militares estrangeiras pelas nossas riquezas naturais; da mesma forma, o discurso travestido de paladinos do ecossistema, sob o

---

[5] Dois dos maiores sistemas de aquíferos do mundo, o Guarani e o Grande Amazonas, estão no território brasileiro.

qual escondem suas ambições imperialistas. Essa constante campanha de crítica à forma de como o Brasil cuida do meio ambiente, especialmente da Floresta Amazônica, junto à opinião pública de seus países e mundial (incluindo a nacional), serve como justificativa de pressões políticas e econômicas e de preparação até para uma eventual intervenção militar[6]. A justificativa junto à opinião pública constitui condição essencial e motivacional para se fazer a guerra, mormente em estados democráticos.

Dá-se motivo a tudo isso pelas eventuais falhas no trabalho de contenção dos desmatamentos ilegais e pela falta de uma política nacional de exploração racional da floresta, cientificamente e politicamente defensável em todos os foros nacionais e internacionais. Quanto mais falhamos nesses misteres, mais intensa se tornam a campanha humanista internacional e o antagonismo à nossa soberania na região.

É de fundamental importância termos consciência de que a ambição imperialista não se arrefecerá mesmo que não mais seja detectada uma árvore sequer irregularmente derrubada na Amazônia. A cobiça pelo domínio estratégico das fontes de água doce, da nossa rica biodiversidade, dos minerais raros e das reservas de petróleo e gás e de outros bens constituem nutrimentos suficientes para o risco de uma aventura imperialista. Não obstante, com muito mais dificuldades de

---

[6] Uma prestigiosa revista dos Estados Unidos, a *Foreign Policy* (agosto 2019), chegou a vaticinar uma intervenção armada no Brasil, em 2025, com a finalidade de "Salvar a Amazônia".

obter o apoio da opinião pública; como já dito, essencial para as iniciativas beligerantes nas democracias.

Pode-se imaginar que o auge da ambição e, consequentemente, do risco de uma intervenção de uma ou mais das grandes potências militares estrangeiras, em nosso Território, poderia ser a coincidência, dentre outros, dos fatores que se seguem:

- fim ou redução significativa dos conflitos no oriente médio, resultando em disponibilidade de grandes contingentes e de materiais e equipamentos de combate, com consequente risco de diminuição da produção industrial global de defesa; e

- aceleração das transformações climáticas ou outros eventos catastróficos, como uma guerra nuclear localizada ou tragédias ambientais, agravando as ameaças de carência de água doce e de alimentos no mundo.

A par dos riscos de conflitos armados decorrentes de ambições de potências estrangeiras às nossas riquezas naturais, embora resignadas e adormecidas por tratados consolidados pelo tempo, não se pode descartar uma conjunção de ameaças a serem enfrentadas. Se formos vítimas de uma invasão imperialista, é possível que outros países com ambições territoriais se aproveitem da situação e tenhamos que lutar em várias frentes de combate. Somam-se a isso as constantes ameaças à soberania representadas por ações de quadrilhas internacionais de narcotraficantes, atividades de organizações terroristas estrangeiras, extração ilegal e contrabando de bens da biodiversidade e de minerais estratégicos etc.

Sendo a beligerância indesejada e tendo em mente o ensinamento do Duque de Wellington, após derrotar Napoleão na batalha de Waterloo: *"Depois de perder uma guerra, a pior coisa que pode acontecer a uma nação é vencê-la"*, o melhor a fazer é tentar evitá-la o quanto possível. Não sendo exequível, precisamos ter condições de vencê-la, pois nesse tipo de disputa não há prêmio para o segundo colocado.

A prevenção de um conflito militar começa bem antes do seu primeiro sinal indicador de ameaça real. Cabem aos governantes e seus estrategistas a percepção e avaliação dos riscos latentes ou autênticos e a adoção de medidas preventivas, as quais podem ser classificadas em duas vertentes principais:

- a desconstrução da Justificativa Retórica dos potenciais agressores; e

- a construção de um Poder Militar Dissuasório adequado.

Assim, no caso do Brasil, sendo considerada verdadeira a percepção de ameaças à soberania nacional, essas duas vertentes demandam providências de longo prazo que extrapolam o âmbito de um governo e se constituem em projetos de Estado.

2 - Justificativa Retórica

A Floresta Amazônica, mercê de sua exuberância, merecendo o título de "Pulmão do Planeta", de sua enorme biodiversidade e extraordinária fonte de água doce, é considerada por muitos como Patrimônio da Humanidade. As comunidades e lideranças políticas, ambientalistas e científicas, bem ou mal-intencionadas, questionam abertamente a soberania dos países da região na gestão de seus recursos.

São constantes e intensas as críticas em todo o mundo aos resultados das gestões nacionais de preservação dos recursos naturais da floresta. Os discursos de organizações não governamentais, de governos estrangeiros, de comunidades cientificas e ambientalistas e de organizações internacionais, sempre enfatizados e propalados pela mídia, acusam, mesmo que sem evidências, a falta de vontade nacional, a incapacidade, a incompetência e até má fé na gestão do patrimônio que entendem ser de toda a humanidade. O Brasil, por ser o detentor de maior parte da selva amazônica e o mais importante da região, é o alvo principal das críticas.

Ademais dos dados de desmatamentos ocorridos ao longo do tempo, constatados por diversas agências por meio de sensoriamento por satélites, agravam-se as críticas pela incerteza quanto ao futuro da Região. Não há um compromisso claro do País sobre o que pretende fazer com a Floresta em longo prazo; quer dizer, não há uma política integrada ou um plano estratégico de controle, preservação e exploração sustentável dos seus recursos naturais. As políticas, planos e ações em vigor versam sobre segmentos importantes, mas não oferecem uma visão clara do que se pretende com a Amazônia (Tratado de Cooperação Amazônica, Plano Amazônia Sustentável, Superintendência do Desenvolvimento da Amazônia – SUDAM, Planos Regionais de Desenvolvimento, Sistema de Proteção da Amazônia - SIPAM etc.).

Essa campanha de críticas à gestão nacional da Amazônia constitui a Justificativa Retórica que vem sendo construída para, no tempo certo, validar uma intervenção imperialista em nosso Território.

Não se pretende colocar em discussão a soberania sobre qualquer palmo do nosso Território. Indubitavelmente, competem exclusivamente ao Brasil a responsabilidade e o direito de gerir os patrimônios nacionais, conforme os seus interesses e objetivos estratégicos. Garantir esse direito constitui missão primeira da diplomacia e das forças armadas.

Não obstante, não se pode ser impassível ao potencial de prenúncio que representa a intensificação dessas campanhas internacionais de descrédito à gestão nacional da Floresta Amazônica. Não importa se as críticas são verdadeiras ou falsas, são os mesmos os resultados pretendidos, se não nos for possível rebatê-los apropriadamente.

Neste contexto, o controle ambiental deixa de ser tão somente de natureza ecológica, para pertencer, também, ao âmbito de responsabilidade da Defesa Nacional.

Além da efetiva atuação da diplomacia brasileira nos esclarecimentos e correções de críticas infundadas, pelo menos duas medidas seriam necessárias para a desconstrução da justificativa retórica para uma eventual intervenção imperialista no nosso Território e desestabilizar o pretendido apoio popular.

Primeira Medida: Política e Planos Nacionais de Preservação e Desenvolvimento Sustentável da Amazônia

As atuais grandes potências militares impiedosamente destruíram suas florestas, em favor do seu próprio desenvolvimento econômico e, agora, cinicamente cobram uma responsabilidade do Brasil com o meio ambiente, que nunca tiveram. Embora isso seja uma verdade incontestável, o Brasil não pode se intimidar com as pressões internacionais e manter a floresta intocável, sem buscar obter dela os benefícios possíveis para o bem estar do seu povo. Da mesma forma, não pode se deixar levar por sentimentos menores de soberania e permitir uma devastação inconsequente das nossas florestas.

Como senhor do seu destino, cabe exclusivamente ao Brasil definir como administrar a Região Amazônica em seu Território, cerca de cinco milhões de quilômetros quadrados de um total de sete milhões. Não obstante, sendo um estado democrático, aberto ao diálogo internacional e com papel preponderante no concerto da Organização das Nações Unidas, é imperativo que faça isso com o indispensável equilíbrio entre o bem-estar do nosso povo e a preservação do meio ambiente global. Ou seja, com a imprescindível responsabilidade de uma nação civilizada.

A exploração econômica das suas terras agriculturáveis, da extração vegetal, da biodiversidade e dos recursos minerais em nosso Território é um direito inalienável do País. Contudo, dada a importância da Floresta Amazônica para a preservação do ecossistema global, é de todo recomendável que as suas decisões e atos sejam fundamentados em uma política e planos de preservação e de desenvolvimento sustentável. Ademais de estarem alinhados aos Objetivos Nacionais, esses instrumentos deverão estar fundamentados em bases científicas que justifiquem seus objetivos e sua eficácia.

Mais do que desenvolver e aplicar suas políticas e planos de desenvolvimento sustentável da Amazônia, é de grande importância que eles sejam difundidos e explicados ao mundo. As sociedades nacional e global necessitam ter o correto entendimento do desenho de como a Floresta estará em longo prazo, mostrando as áreas que serão preservadas e as passíveis de medidas de desenvolvimento sustentável.

A Política e os Planos Nacionais de Preservação e Desenvolvimento Sustentável da Amazônia são da competência e responsabilidade única e exclusiva do Estado Brasileiro, entretanto, é muito importante que contem com a contribuição de renomados especialistas nos diversos setores envolvidos (meio ambiente, meteorologia, agronomia, geologia, economia, etc.) e que preveja, dentre outros, mecanismos de compensação econômica real dos eventuais danos ao meio ambiente.

Segunda Medida: Controle Efetivo da Amazônia

Antes mesmo da elaboração e aprovação da Política e dos Planos, há que ser demonstrado à comunidade nacional e internacional que o Governo Brasileiro possui total controle sobre a Amazônia. É imperioso conter e erradicar todas as iniciativas de desmatamento e de mineração ilegais e mostrar isso ao mundo.

Para isso, dada à grandiosidade da Região Amazônica, é praticamente impossível que os órgãos de preservação do meio ambiente, nos três níveis de governo, tenham condições físicas de executar tal hercúlea missão. Não obstante, tendo em vista o cunho estratégico de defesa nacional que representa a desconstrução da Justificativa Retórica, uma potencial ameaça à soberania nacional, a participação das Forças Armadas nessa incumbência se justifica e se faz necessária.

Essa poderia ser mais uma Missão Subsidiária das Forças Armadas, com benefícios para as atribuições do Ministério do Meio Ambiente e do Ministério da Defesa. Ao primeiro, pela preciosa ajuda na fiscalização e contenção das agressões descontroladas ao ecossistema e ao segundo, pela mitigação ou eliminação da Justificativa Retórica contra a nossa soberania e pelo potencial de intensivo treinamento de operações reais e aperfeiçoamento do conhecimento das nuanças da selva.

Favorece o envolvimento das Forças Armadas na proteção ambiental da Região Amazônica o desdobramento de unidades militares das três Forças para aquela parte do Território, em decorrência de disposições da Estratégia Nacional de Defesa (END) e, ainda, o apoio a ser propiciado pelo Sistema de Proteção da Amazônia (SIPAM) e outros meios de vigilância governamentais e privados.

É significativo notar que as mesmas precauções e medidas similares se impõem na gestão da Amazônia Azul.

3 - Poder Dissuasório

Entende-se como Poder Dissuasório de um país a sua capacidade de fazer com que um potencial agente agressor mude de ideia e desista de qualquer atitude hostil, em decorrência dos danos que poderia sofrer se persistisse na ação.

Construir um Poder Dissuasório adequado consiste em estar dotado de meios suficientes e preparado para o combate, de tal forma que, mesmo sendo derrotado, o custo da vitória para o agressor seja insuportável. É a consciência da inevitabilidade e magnitude do dano a ser sofrido pelo agressor que causa o efeito dissuasório desejado.

O poder dissuasório dos estados cujas capacidades de combate extravasam em muito as necessidades de defesa, quer dizer, daqueles que fazem uso da suas extraordinárias forças militares para imporem desmesuradamente suas vontades a outros, é facilmente dedutível. Os poderes dissuasórios dos Estados Unidos, China e Rússia, por exemplo, são as suas capacidades de ataque com armas nucleares, com potencial de destruir qualquer país no mundo, ademais da exuberância de suas forças armadas. O de outras potências nucleares, a sua capacidade de realizar pelo menos um ataque dessas armas e, com isso, impor um preço elevado demais aos eventuais agressores.

Para as demais nações com o interesse único de preservar a sua própria soberania e que não fazem parte do clube das potências nucleares, a definição e a obtenção do poder necessário e suficiente à dissuasão se torna uma tarefa complexa e eivada de riscos e incertezas.

Constituem tarefas permanentes da Defesa Nacional os intricados estudos de identificação e avaliação das ameaças; bem como, de determinação e obtenção dos meios necessários à construção de um poder real de combate capaz de dissuadir os potenciais agressores.

Conforme sua doutrina de defesa, cada estado elabora suas apreciações estratégicas e determina a existência ou não de ameaças externas. Em havendo, é avaliado o potencial de ocorrência de cada ameaça, no presente e no futuro, assim como, o valor relativo de combate da força inimiga, em quantidade, qualidade e condição de durar no tempo.

Com base nos dados obtidos, são formuladas as diversas hipóteses de guerra e determinados quais os meios de combate suficientes para evitar cada uma e o conjunto das ameaças, isto é, qual o valor mínimo da capacidade de combate adequado à dissuasão.

Dependendo das comparações de poderes com os potenciais agressores (dimensões territoriais, população, posição geográfica, economia, política, aliados e, especialmente, o valor das forças armadas) é possível determinar o valor mínimo necessário da capacidade de combate para contrapor essas ameaças. Assim, o resultado da apreciação estratégica pode variar de um extremo a outro. Por exemplo, para os Principados de Liechtenstein e Mônaco, mesmo que alguma ameaça seja identificada, nada há que ser feito no campo militar - suas sobrevivências dependem unicamente da diplomacia e do interesse comum de outros estados. Por outro lado, no extremo oposto, alguns países vivem em uma trégua de paz tão tênue que o cálculo do valor de combate adequado equivale ao necessário à vitória - esse seria o caso, por exemplo, das Coreias do Sul e do Norte.

Determinados os níveis do poder dissuasório, ou, de outra forma, da capacidade de combate a ser obtida, ao longo do tempo, inicia-se a fase de planejamento de defesa nacional.

3.1 - Tempo Presente e Futuro Próximo

A comparação entre os meios de combate existentes e os necessários à contenção de ameaças no presente e em curto prazo pode apresentar três diferentes situações:

- são equivalentes, não ensejando qualquer medida de ajuste;

- são superiores, podendo requerer medidas de economia de recursos;

- são inferiores, demandando ações imediatas de adequação.

As ações imediatas de adequação do poder atual de combate das forças armadas implicam em aquisições de armas e equipamentos, onde disponível, seja no mercado interno ou externo, reforço de efetivo e desdobramento de unidades militares para locais estratégicos.

Não obstante possa parecer simples, a execução imediata dessas providências em estados em que a sociedade não convive com a percepção de risco de guerra, mormente em democracias, arrosta óbices de diversas naturezas, dentre essas:

- restrições ou imprevisões orçamentárias;

- eventuais indisponibilidades de materiais e armamentos nos mercados interno e externo; e

- cumprimento de extenso processo burocrático.

Dessa forma, embora as necessidades sejam prementes, as demandas que não foram possíveis de serem atendidas de pronto são incluídas nos planos de desenvolvimento das forças armadas de curto prazo.

Permanecendo as carências do poder de combate necessário à dissuasão, busca-se mitigar as vulnerabilidades por meio de priorização dos investimentos e deslocamentos internos de contingentes e meios de combate para as áreas mais sensíveis e críticas. Popularmente, consiste na gestão de "cobertor curto".

3.2 - Futuro

As apreciações estratégicas da formulação de cenários futuros de ameaças e riscos à paz, comparados com os planos de desenvolvimento do Poder Militar, orienta as necessidades de ajustes nos objetivos estratégicos a serem atingidos, no tempo.

Em países em que há carências sociais básicas (como o Brasil), os planos de desenvolvimento do Poder Militar são, prioritariamente, executados por meio de projetos estratégicos, que se inserem e beneficiam as demais áreas de interesse da população, gerando empregos qualificados, melhoria educacional, aumento do Produto Interno Bruto, etc., tais como:

- desenvolvimentos científicos e tecnológicos de interesse militar e de emprego dual para o meio civil;

- desenvolvimento do parque industrial de defesa, possibilitando a substituição de produtos importados e a geração de empregos qualificados e de receitas de exportação; e

- qualificação de recursos humanos para o desenvolvimento, a operação e a manutenção de sistemas sofisticados.

Ademais, outra forma de atingir os objetivos de capacitação do Poder Militar por meio de envolvimento com outras áreas de responsabilidade do Governo, consiste no emprego das Forças Armadas na execução de atividades subsidiárias de interesse estratégico. No Brasil, a gestão do Sistema de Controle do Espaço Aéreo, pela Força Aérea, do Sistema de Gerenciamento da Amazônia Azul, pela Marinha, e do Sistema Integrado de Monitoramento de Fronteiras, pelo Exército, com benefícios duplos para a sociedade e a defesa, são exemplos do sucesso dessa prática.

Não obstante, os planos de desenvolvimento do Poder Militar e outras iniciativas são diretamente dependentes das alocações orçamentárias, as quais podem não corresponder às expectativas, mercê das prioridades nacionais. Essa lacuna entre o poder de combate possível no tempo e o mínimo necessário para a dissuasão gera pontos e situações de fraqueza na defesa nacional. As formas preventivas de mitigação dos riscos residem na adoção de estratégias de investimentos seletivos, de desdobramentos de forças e mobilização de recursos de outros setores, além, é claro, de intensos procedimentos e atividades diplomáticas.

Contudo, não há substituto ao poder de combate adequado à dissuasão; carências acentuadas e crônicas são convites à intensificação de pressões políticas e econômicas externas e até de agressões militares. A defesa da Pátria não é um jogo e não se pode apostar a soberania. Em tal aspecto, vale lembrar o ensinamento do insigne brasileiro Rui Barbosa: *"A fragilidade dos meios de resistência de um povo acorda nos vizinhos mais benévolos veleidades inopinadas; convertem contra ele os desinteressados em ambiciosos, os fracos em fortes, os mansos em agressivos."*.

PARTE II – PODER E PATRIMÔNIO MILITAR

4 - Poder Militar

O Poder Militar constitui a parte do Poder Nacional dedicada ao emprego da violência em defesa da Pátria. De outra forma, é a Expressão Militar do Poder Nacional, que congrega também as Expressões Política, Econômica, Psicossocial e Científica e Tecnológica.

O Poder Nacional, com as suas Expressões, corresponde à soma de todos os recursos disponíveis no país, tangíveis e intangíveis, para o atingimento dos Objetivos Nacionais[7]. Sendo a Soberania um desses Objetivos, na teoria, em havendo a necessidade, todos os recursos do Poder Nacional seriam disponibilizados para as atividades de defesa; mais precisamente, para a construção e manutenção do poder adequado de combate das forças armadas.

No entanto, nos estados democráticos e em desenvolvimento, o somatório das demandas de recursos para os seus diversos Objetivos Nacionais supera em muito os do Poder Nacional. Considerado em determinado momento histórico, o valor do Poder Nacional é fixo, de forma que o aumento dos recursos de uma Expressão demandaria a redução dos de outra Expressão. Em um cenário de escassez, a gestão

---

[7] Objetivos Nacionais (ON) são aqueles que a Nação busca alcançar, em decorrência da identificação de necessidades, interesses e aspirações, ao longo das fases de sua evolução histórico-cultural. - Escola Superior de Guerra (ESG)

dos recursos nacionais entre as Expressões é balizada pelas prioridades do Estado.

Assim, a alocação de uma parcela maior do Poder Nacional para a Expressão Militar depende da prioridade que lhe for atribuída frente a outras necessidades do Estado, como geração de empregos, educação, saúde etc. Por sua vez, a noção de prioridade da defesa nacional é condicionada à percepção pela sociedade da existência de ameaça real à paz. As atuais prioridades entre as Expressões do Poder Nacional do Brasil podem ser bem entendidas pela análise das alocações de recursos no Orçamento Federal.

Por conseguinte, a Expressão Militar do Poder Nacional deve ocupar o mínimo de recursos necessários, de forma a não impor sacrifícios desmedidos à sociedade. Ou seja, o bem comum da sociedade impõe que o Poder Militar não ultrapasse os limites do necessário à dissuasão e ao cumprimento das missões previstas na Política Nacional de Defesa.

Tanto em função da desproporcionalidade da capacidade de combate dos potenciais inimigos mais poderosos, como devido a sérias carências da população, a despeito da vontade nacional, nem sempre é possível dotar as forças armadas do necessário e suficiente poder de combater à dissuasão de todas as ameaças previsíveis no tempo. Nesses casos, com o cuidado de não as fazer crônicas e flagrantes em relação às ameaças mais prováveis, a mitigação das carências é buscada por meio de procedimentos estratégicos e de política externa.

Dentre as medidas de política externa adotadas pelo Brasil para a promoção da paz estão a edição e publicização da

Política Nacional de Defesa (PND), da Estratégia Nacional de Defesa (END) e do Livro Branco de Defesa Nacional (LBDN)[8], todos sujeitos à aprovação do Congresso Nacional. No que tange aos procedimentos estratégicos pode-se citar a concentração de unidades militares na Região Amazônica e a doutrina implícita de participação em missões subsidiárias estratégicas.

Enquanto a determinação do valor da capacidade de combate necessária à dissuasão e os planos de obtenção de meios são sigilosos e processados nos âmbitos dos Estados-Maiores das Forças Armadas e do Ministério da Defesa, os textos da PND, da END e do LBDN são públicos e acessíveis por nacionais e estrangeiros. Enquanto a dissuasão trata da construção ou desenvolvimento da capacidade de combate, a Política e a Estratégia versam sobre objetivos a serem atingidos ou de missões atribuídas às Forças Armadas de forma ostensiva; e o Livro Branco, por sua vez, desnuda todas as atividades, meios e programas em curso pela Defesa.

A publicação do Livro Branco de Defesa Nacional (LBDN), da Política Nacional de Defesa (PND) e da Estratégia Nacional de Defesa (END) constitui uma recomendação da Organização das Nações Unidas (ONU) para tornar transparentes a todas as demais nações os objetivos, intenções e capacidades militares do estados que os edita. Têm dupla finalidade: no âmbito interno, orientar e coordenar as ações ostensivas dos diversos setores envolvidos com a defesa

---

[8] Os textos da PND, da END e do LBDN do Brasil estão disponíveis nos *web sites* do Congresso e do Ministério da Defesa.

nacional, e, no externo, evitar eventuais corridas armamentistas e desinformações que possam ameaçar a paz.

De um modo geral, a PND, a END e o LBDN expressam a capacitação atual e pretendida das Forças Armadas e os meios do Poder Nacional alocados ou planejados para comporem a Expressão Militar, no tempo. Embora não os apregoem claramente, os dados constantes desses documentos constituem indicadores para a estimação do potencial de capacidade de combate atual e pretendida.

Verifica-se, assim, que o potencial de capacidade de combate das nossas Forças Armadas, se comparados ao Poder Militar dos países que têm apregoado a Justificativa Retórica[9], é significativamente inferior ao mínimo necessário à dissuasão. Isso, considerando apenas os meios convencionais de combate; inseridos nas análises as armas de destruição em massa, a diferença de poder de combate passa a ser abissal.

Para tornar o cenário ainda mais crítico para o Brasil, por decisão soberana, abdicamos de quaisquer projetos de desenvolvimento de armas nucleares[10], o que nos retira definitivamente essa possibilidade de dissuasão.

Por outro lado, o desenvolvimento acentuado de nossa capacidade de combate convencional poderia sinalizar negativamente à nossa política externa pacifista, gerando ou acentuando sentimentos de desconfiança na América do Sul e

---

[9] Potencias nucleares e que têm a guerra com cultura e fonte de riqueza nacional.

[10] O Brasil é signatário do Tratado de Não Proliferação de Armas Nucleares (TNP).

eventualmente o indesejável ambiente de corrida armamentista. Além disso, não é razoável supor a possibilidade de incremento significativo de valores da Expressão Militar, em detrimento das demais, em função de uma hipótese de guerra cujo risco não for nitidamente percebido pelo povo e por sua classe dirigente.

Contudo, em que pesem as dificuldades estruturais e políticas para a obtenção de um poder dissuasório suficiente para desestimular ou impedir pressões ou agressões externas de superpotências militares, não significa que não possamos nos preparar para enfrentá-las e impor-lhes danos de tal monta que as façam considerar se valeria à pena correr o risco de obter uma vitória pírrica.

5 - Patrimônio Militar

Entende-se como Patrimônio Militar a totalidade dos bens de todas as naturezas disponibilizados pela nação para a defesa nacional. Pode ser classificado como imaterial ou material.

5.1 - Patrimônio Imaterial

Consiste no valor intrínseco do militar como combatente, em todos os níveis hierárquicos, potencializados pela coesão, organização, disciplina, tradição, código de honra, lealdade, patriotismo, coragem, caráter, camaradagem, cultura, preparo profissional etc.

Os valores relativos dos soldados (termo base da qualificação de todos os militares, independentemente de suas patentes) de um país a outro fazem significativas diferenças nos resultados das guerras. Mais do que uma medição de esforço físico, as batalhas são disputas de competências e vontades. Assim, o Patrimônio Imaterial envolvido tem a qualidade e capacidade de agregar ou diluir o valor de combate, considerando os meios materiais envolvidos. Dentre outros, podem-se citar os seguintes atributos relativos da tropa como um todo:

- qualificação intelectual, ética e profissional dos seus oficiais e graduados;

- níveis de liderança e de competência dos comandantes;

- moral, lealdade e comprometimento com a missão;

- preparo e adestramento da tropa;

- competência para uso máximo das potencialidades dos meios logísticos disponibilizados;

- planejamento e treinamento de emprego coordenado das Forças Armadas;

- desenvolvimento de estratégias e táticas próprias;

- desdobramento estratégico das unidades militares; e

- plano integrado de mobilização imediata.

A ação dos Comandos Militares pode valorizar ou desvalorizar o poder de combate de uma Força. A história mostra exemplos de exércitos mais numerosos e mais bem equipados e armados de que seus inimigos e que foram fragorosamente derrotados por forças inferiores mais bem preparadas e comandadas.

É importante notar que os requisitos para o planejamento e execução da guerra vão além dos estudos da ciência militar[11]; demandam cultura e inventividade superiores, pois cada batalha é única em todos os sentidos. A história, circunstâncias e ambientes de um combate nunca se repetem. Tal desafio faz com que o preparo do comandante militar para liderar e vencer novas batalhas seja o projeto de toda a sua vida. Não se improvisam líderes militares.

A arte de transformar efetivos e meios materiais em capacidade de combate é dever único e exclusivo dos Comandos das Forças Armadas, para cujas atividades a Nação não pode deixar de prover a condição mínima necessária: o reconhecimento pela sociedade do valor e mérito dos nossos soldados (cidadãos e cidadãs fardados), que, imersos no código ético militar, estão prontos a oferecer a própria vida pela Pátria.

É de significativa importância o claro entendimento de que os soldados a quem a sociedade deposita tanta responsabilidade nada mais são do que os seus filhos e suas filhas, com a única diferença de trajarem a farda que vem com o compromisso de honra à Pátria. Se se colocam em risco pelo bem do povo, este, por sua vez, não pode abandoná-los seja antes, durante ou após a batalha.

O Patrimônio Imaterial das Forças Armadas, caracterizado pelo valor de seu contingente militar efetivo, além do cumprimento das missões atribuídas nos documentos de defesa, tem por finalidade servir de núcleo de fundamentos ético,

---

[11] Ciência Militar: conjunto de conhecimentos necessários ao preparo e emprego das forças em combate.

cívico, cultural, histórico, profissional e doutrinário para a absorção e disseminação dos valores individuais e coletivos fundamentais para a defesa da Pátria.

5.2 - Patrimônio Material

O Patrimônio Material pode ser entendido como o somatório de todos os bens tangíveis colocados à disposição das Forças Armadas para o cumprimento de suas missões. Representa o total de recursos físicos da nação alocados para a defesa nacional, em determinado momento histórico. É formado por tudo que está à disposição das Forças Armadas. Pode ser de caráter estável ou potencial, conforme as condições de acesso e emprego dos meios.

Os bens estáveis são formados por todos os recursos permanentemente atribuídos e sob o controle direto das Forças Armadas para emprego a qualquer tempo. São os de posse direta do conjunto das unidades militares, tais como, recursos humanos, instalações prediais, aeródromos, portos, escolas, centros de treinamento, equipamentos, armamentos, munições, fardamentos, sistemas (hardware e software), viaturas, aeronaves, navios, combustíveis, recursos orçamentários etc. Em suma, tudo que compõe os meios logísticos de defesa, em uso ou em estoque, destinado ao planejamento, gestão, preparo e emprego das organizações militares.

Faz parte da cultura militar a máxima de "quem atribui uma missão deve prover os meios para sua execução". Assim, de outra forma, pode-se entender o Patrimônio Material como os meios fornecidos pelo Estado para a constituição da capacidade de combate adequada à dissuasão de potenciais pressões ou agressões à soberania nacional. A combinação de quantidade e de qualidade dos produtos de defesa, influenciados pela efetividade da disponibilização desses bens, resulta no valor da capacidade logística de defesa para a obtenção do poder de combate dissuasório.

Dessa forma, é razoável entender que o Patrimônio Material pode, no decorrer do tempo, situar-se ou não em níveis adequados ao necessário para a formação da capacidade de combate suficiente à dissuasão.

No tempo presente, os recursos do Patrimônio Material podem ser insuficientes à dissuasão e isso gera a demanda imediata de aquisição ou obtenção dos meios faltantes. Como já visto, em países com carências múltiplas em outras Expressões do Poder Nacional, tal intento encontra óbices de difícil solução, como inflexibilidade do orçamento federal e ou indisponibilidade dos meios pretendidos nos mercados nacional e internacional.

Tal estado de coisas exige das Forças Armadas providências estratégicas no ambiente operacional e logístico para a mitigação dos seus efeitos negativos à dissuasão. No operacional, as providências podem, dentre outras, envolver medidas de reposicionamento, reagrupamento ou desdobramento de unidades de combate. No logístico, são previsíveis as medidas de priorização da alocação dos meios e a atualização e preparo dos planos de mobilização, para o caso de recrudescimento das ameaças.

Em caso de ameaça real que demande um valor superior aos recursos estáveis, o Estado pode transferir parte do patrimônio de outras Expressões do Poder Nacional para a Militar, o que normalmente é feito por meio de aquisições emergenciais nos mercados nacional e internacional ou por processo de mobilização nacional (de recursos humanos, do parque industrial, dos modos de transporte, etc.). Esses são os denominados bens potenciais e são definidos por planejamento prévio. Ambos os métodos, aquisição ou mobilização, têm em comum um lapso de tempo para sua concretização e podem apresentar óbices de difícil solução.

As aquisições emergenciais podem não se concretizarem no tempo previsto devido à indisponibilidade dos produtos nos mercados ou em função de entraves políticos internacionais. A mobilização industrial depende da pré-existência de uma capacidade instalada de amplo expecto e no nível tecnológico requerido, o que demanda um longo trabalho de preparação da base industrial de defesa. Além disso, muitos dos mais modernos sistemas de armas, mesmo os de fabricação nacional, são produzidos com componentes de diversos países, tornando mais complicada a obtenção da plena autonomia industrial. A opção seria a de elevar o nível de estoques de componentes críticos, o que significaria em imobilização de recursos vultosos, em um cenário de escassez, sem contar que muitos componentes possuem um tempo de vida útil e teriam que ser periodicamente renovados.

A gestão eficiente e eficaz do Patrimônio Militar é de capital importância para a consecução da Estratégia Nacional

de Defesa e a construção da Capacidade de Combate adequada
à dissuasão, no presente e no futuro.

PARTE III – CAPACIDADE DE COMBATE

6 - Capacidade Atual de Combate

A Capacidade Atual de Combate das Forças Armadas pode ser conceituada como o resultado da simbiose entre os seus recursos humanos utentes e os meios físicos disponibilizados à Expressão Militar do Poder Nacional. Representa, em suma, o potencial de destruição que um estado pode infringir a outro em caso de confronto armado; havendo, portanto, uma relatividade entre forças opostas.

De outra forma e em benefício da simplificação, a Capacidade Atual de Combate pode ser entendida como o valor estimado do dano a ser causado a um eventual inimigo, resultante do poder de destruição real e disponível nas Forças Armadas. Neste contexto, a Capacidade Atual de Combate de uma nação representa o seu poder relativo de impor sua vontade a outrem ou de evitar que tentem lhe impor as suas (poder dissuasório).

A estimativa de valor da Capacidade Atual de Combate consiste em uma intrincada e sofisticada equação, em cujo produto há a prevalência de dois elementos fundamentais e complementares, os bens imateriais e materiais, estes em quantidade e qualidade, relativizados com os valores e capacidades dos eventuais oponentes. A Capacidade de Combate nunca é um valor absoluto, é sempre o resultado de comparações com as forças contrárias identificadas nas hipóteses de guerra.

É normalmente calculada para o somatório das capacidades totais das três Forças Armadas (Marinha, Exército e Aeronáutica) e para cada uma de suas unidades. Esse exercício de avaliação deve indicar o valor relativo da capacidade de combate do País e se é suficiente para o atendimento das demandas para a dissuasão das ameaças reais identificadas.

De outra forma, pode-se, também, resumir o entendimento sobre o valor da capacidade atual de combate como o somatório das comparações (quantitativas e qualitativas) dos seguintes aspectos, com os do potencial inimigo:

- Consciência Situacional;
- Capacidade Física de Combate;
- Sistema de Coordenação, Comando, Controle e Inteligência (sistema C3I);
- Guerra Eletrônica;
- Guerra Cibernética;
- Estratégia de Combate; e
- Vontade Nacional.

Em não sendo considerado adequado o valor da capacidade total ou particularizada de combate, o seu cálculo pode propiciar condições de sinalizar as prioridades de investimentos, dentro dos princípios de economicidade. Ou seja, indicar em que segmento de uma organização militar a unidade de recurso aplicado traria maior contribuição para a capacidade de combate.

Em suma, em cenário de escassez de recursos, há que serem estabelecidos critérios e prioridades de investimentos, normalmente balizados pelas naturezas das ameaças a serem contrapostas e pela busca do melhor resultado por valor aplicado. Assim, exceto onde a estratégia de outra forma recomendar, a prioridade deve ser direcionada à obtenção da maior contribuição para o poder de combate por unidade de recursos investidos.

6.1 - Consciência Situacional

Nada é mais devastador para o moral de uma tropa, e até de uma nação, do que ser surpreendida por uma agressão externa, independentemente de sua natureza e intensidade. O ataque terrorista às torres gêmeas de Nova York, em setembro de 2001, abalou a confiança do povo americano em seu sistema de defesa. A ofensiva de surpresa de Israel contra os territórios árabes, incluindo o ataque a nove aeroportos militares do Egito, em junho de 1967, foi decisiva para o desfecho rápido da guerra árabe-israelense daquele ano, mais conhecida como a guerra dos seis dias. Da mesma forma, são desmoralizantes os casos de ataques a tropas amigas, o chamado "fogo amigo", denotando falta de conhecimento do cenário de combate e enfraquecendo o moral dos combatentes.

A solução para isso é estar em permanente estado de alerta, manter-se ciente de tudo o que acontece nas áreas de interesse da defesa, processar rapidamente as informações obtidas e, finalmente, adotar, oportunamente, as reações pertinentes. Essas podem ser a nível de projeção de cenários, ensejando alterações no planejamento estratégico (desdobramento de tropas, mobilização etc.), de reforço nos meios de defesa ou até de ataque preventivo às forças inimigas. Isso tudo é denominado de Consciência Situacional de Combate ou de Pré-Combate, como preferem alguns estudiosos.

É imperioso que cada comandante militar, seja qual for o seu nível hierárquico, ou, ainda, as condições de emprego de sua unidade, tenha perfeita consciência situacional do que ocorre no ambiente de sua área de emprego, nas dimensões espaço e tempo, de forma a possibilitar as condições necessárias à formulação de tendência e à rápida reação a eventuais óbices e antagonismos.

A eficácia e eficiência da consciência situacional de combate (ou de pré-combate) dependem da capacidade continuada de identificação, coleta e processamento do maior número de informações da área de emprego, tanto das ações e intenções dos inimigos, como dos amigos. Quanto mais abrangente, preciso e rápido a coleta e o processamento e a divulgação das informações, mais acurada e efetiva a consciência situacional obtida.

A busca da plena consciência situacional é uma atividade de caráter permanente, na paz e na guerra, e envolve o emprego dos serviços de inteligência das Forças Armadas e a integração das redes de sensores e processadores específicos e das de aplicação geral disponíveis.

A obtenção da consciência situacional no âmbito externo, isto é, do que acontece em outro estado, cabe, predominantemente, aos serviços de inteligência das Forças

Armas e ou do Ministério da Defesa. O seu objetivo primário é fornecer indicadores aos setores de planejamento estratégico, por meio de informações relativas à movimentação de tropas, aquisições de material bélico, ambiente político-social, situação econômica etc. Suas atividades são normalmente apoiadas por atos de espionagem e por sistemas passivos de vigilância, como sensores satelitais e de captura de telecomunicações. O emprego de ações ostensivas de reconhecimento aéreo, terrestre ou marítimo, em tempos de paz, depende da avaliação do risco político, pois são considerados como atos de agressão à soberania do estado alvo.

A consciência situacional, para a identificação e a contenção de ameaças exógenas ao Território Nacional, constitui atividade permanente de vigilância e controle de todos os movimentos de pessoas e veículos (viaturas, aeronaves, embarcações etc.), de e para o Território. Nesse aspecto, cabe aos serviços de inteligência a determinação de tendências e aos sistemas de vigilância e controle a identificação e a contenção de ameaças, em tempo real.

No Brasil, esta tarefa é gigantesca, em razão das suas dimensões e posição geopolítica. Envolve a vigilância, o controle e o processamento de movimentos em 15.735 quilômetros de fronteiras terrestres com dez dos doze outros países da América do Sul; cerca de 900 mil quilômetros quadrados de mar territorial, 7.367 quilômetros de litoral e centenas de portos e ancoradouros; aproximadamente 4,5 milhões de quilômetros quadrados de espaço marítimo sob jurisdição nacional (Amazônia Azul); cerca 22 milhões de quilômetros quadrados de espaço aéreo sob nossa jurisdição ou responsabilidade e mais de 2.000 aeródromos espalhados pelo Território.

Gigantesca a tarefa, enorme também a infraestrutura e os recursos necessários para cumpri-la. Assim, visando não prejudicar o desenvolvimento das demais Expressões do Poder Nacional, o Brasil vem adotando um modelo exitoso de realização de missões de interesse concomitante da Defesa e do Desenvolvimento, com benefícios mútuos para ambos os propósitos. Essa cooperação, no campo da consciência situacional, pode ser exemplificada pela realização de Missões Subsidiárias Estratégicas, tais como:

- Sistema de Controle do Espaço Aéreo (SISCEAB);
- Sistema Integrado de Monitoramento de Fronteiras (SISFRON);
- Sistema de Gerenciamento da Amazônia Azul (SisGAAz);
- Sistema de Informações sobre o Tráfego Marítimo (SISTRAM);
- Sistema de Proteção da Amazônia (SIPAM).

6.2 - Capacidade Física de Combate

É certo que, para impor temor ao potencial inimigo, é desejável que cada unidade e o somatório delas possuam uma capacidade física de combate superior ou equivalente às das congêneres mais bem equipadas, entre as possíveis forças oponentes. Não sendo exequível, é indispensável que a capacidade obtida tenha, pelo menos, o potencial de provocar danos significativos aos eventuais oponentes.

Um comandante militar conhece perfeitamente as possibilidades de sua unidade e o nível de capacidade física de combate que pode obter com os meios existentes; bem como, o nível de eficiência que idealmente deveria atingir para fazer frente aos eventuais enfrentamentos decorrentes das hipóteses de guerra. Certamente, é capaz de indicar com correção em que segmentos seriam necessários investimentos para obter a capacidade física de combate desejada.

Entretanto, a aplicação de um método pode facilitar e tornar homogênea as avaliações do conjunto das unidades militares e, em consequência, apoiar a decisão superior sobre as prioridades de aplicação de recursos.

Conforme ensinamentos do General de Divisão José Carlos Albano do Amarante e do Vice-Almirante Marcílio Boavista da Cunha, os indicadores para determinar a Capacidade Física de Combate (CFC) de uma unidade militar podem ser obtidos pela análise crítica e operacional do produto de capacidades relativas a padrões determinados dos fatores Detecção (D), Processamento (P), Posicionamento (Po) e Atuação (A).

A Capacidade Física de Combate de uma unidade (ou de toda uma Força Armada) pode ser avaliada pela comparação dos fatores físicos de combate existentes com os previstos para a seu máximo desempenho operacional; ou, ainda, a comparação com os mesmos fatores das unidades similares equivalente ou de eventual confronto dos países potencialmente agressores.

Os indicadores para a determinação da Capacidade Física de Combate (CFC) seriam, então, o produto dos fatores relativos, em proporção, de Detecção (D), Processamento (P), Atuação (A) e Posicionamento (Po) comparados com os obtidos ou simulados da unidade de referência máxima escolhida.

Nota: Os valores de referência são os idealizados ou obtidos de unidades de elite selecionadas.

É importante reiterar que a Capacidade Física de Combate é sempre um valor relativo a um determinado oponente ou a parâmetros pré-estabelecidos, nunca um valor absoluto.

a. Detecção (D)

O fator Detecção consiste na capacidade de conhecimento de todos os movimentos dos inimigos e de seus possíveis atos hostis, com a máxima antecedência, precisão, eficiência e eficácia. O que se busca é a maior anterioridade possível da detecção de ameaças e o menor índices de erros ou falsos alarmes. Para isso, são normalmente utilizados sensores de diversos tipos instalados em terra, no mar, em aeronaves, em satélite e em viaturas, isoladamente ou em conjunto, tais como: visão noturna, câmeras, radares, sonares etc.

A detecção antecipada à do inimigo possibilita mais tempo para o processamento da informação, sendo uma vantagem significativa para o desfecho do confronto.

b. Processamento (P)

O fator Processamento consiste na capacidade de analisar os dados detectados e indicar com precisão e rapidez sua natureza e intenções. Ou seja, se amigo ou inimigo, tipo, modelo, poder de combate e danos previsíveis, características operacionais, ação indicada, tempo para seleção e ativação de armamentos etc. Ou seja, fornecimento de todas as informações necessárias à decisão oportuna e eficiente. O que se pretende é a máxima rapidez, correção e utilidade das conclusões do fator processamento.

O processamento rápido e eficiente possibilita antever os possíveis resultados de um conflito e, com isso, indicar a melhor opção de combate ou de evasão.

c. Posicionamento (Po)

O fator Posicionamento consiste na habilidade e capacidade de mobilidade estratégica de forma a estar em condições imediatas de emprego e combate.

Trata-se de ser capaz de oportunamente colocar-se em posição de atuar em um eventual conflito. De nada vale um submarino no Oceano Pacífico quando o conflito se desenvolve no Atlântico.

d. Atuação (A)

Consiste na capacidade de empregar a força (tropa e armamento) com eficácia e impor dano ao inimigo.

O fator Atuação pode ser entendido como o nível de efetividade do emprego da força (tropa e armamento), considerando a capacidade de defesa do inimigo, nos aspectos de alcance, precisão e poder de destruição.

Nota: Um exemplo típico e simplificado de cenário para cálculo da capacidade física de combate é apresentado no Anexo A.

Não havendo disponibilidade de recursos para a maximização da capacidade física de combate de todas as unidades, os investimentos são geralmente priorizados para aquelas de emprego imediato e com maior probabilidade de causarem danos aos potenciais inimigos

6.3 - Potenciação da Capacidade Física de Combate

O valor da capacidade física de combate pode ser afetado (positiva ou negativamente) pela eficácia de outros fatores de apoio direto e indireto ao combate, em especial, os que se seguem.

a. Coordenação, Comando, Controle e Inteligência (sistema C3I)[12]

Realizada a avaliação e a recomposição possível do valor global da Capacidade Física de Combate do País, isto é, do somatório das capacidades físicas das três Forças Armadas (Marinha, Exército e Aeronáutica), é imprescindível verificar o nível de efetividade do emprego singular[13], conjunto[14] e

---

[12] Em alguns países o "I" do sistema C3I significa "Informações".

[13] Emprego Singular: atuação independente de uma Força Armada.

combinado[15] das suas organizações. Isso implica na análise da viabilidade de aplicação do sistema C3I, frente à ação antagônica dos inimigos.

O sistema C3I busca prover condições para a maior utilidade de emprego das forças na execução das manobras militares, através da viabilização das suas funções de coordenação, comando, controle e inteligência, detalhados no Anexo B.

As funções facilitadas pelo sistema C3I são fundamentais para o êxito das operações militares em todos os níveis de comando. No ambiente doutrinário, o sistema é desenvolvido pela organização hierarquizada comum e pela padronização de procedimentos, tais como: fraseologia e codificação próprias; designação de atividades e ações, sistemática de comunicação; e processo decisório em todas as suas fases.

Com a vertiginosa evolução tecnológica dos nossos tempos, o sistema C3I tem se mostrado cada vez mais vital para o resultado das batalhas. Assim, constitui um objetivo prioritário da guerra preservar a capacidade de livre exercício de seu sistema C3I, enquanto impede que o inimigo o faça. Isso pode ser o fator decisivo para a vitória.

b. Guerra Eletrônica

---

[14] Emprego Conjunto: atuação de duas ou mais Forças Armadas sob comando único.

[15] Emprego Combinado: atuação coordenada de duas ou mais Forças Armadas sem subordinação a um mesmo comando.

A chamada Guerra Eletrônica, GE ou EW (*Electronic Warfare*), pode ser entendida como a disputa pelo controle do espectro eletromagnético; ou seja, consiste em ações que assegurem a liberdade de uso pleno dos meios eletrônicos, de um lado, enquanto impede que o inimigo faça o mesmo. O ambiente da GE é global, quer dizer, é aplicada, estratégica e taticamente, em todos os campos de batalha, seja no mar, terra, ar e espaço.

Didaticamente, a Guerra Eletrônica pode ser dividida em três atividades distintas: reconhecimento eletrônico; ataque eletrônico ou contramedidas eletrônicas; e proteção eletrônica ou contra-contramedidas eletrônicas, detalhadas no Anexo B.

c. Guerra Cibernética

A Estratégia Nacional de Defesa define a Cibernética como um dos setores tecnológicos decisivos para a defesa nacional, juntamente com o espacial e o nuclear. Como tecnologia, pode ser entendida como a aplicação voltada para a transferência ou associação da estrutura cognitiva dos humanos para máquinas, potencializando suas capacidades de sensoriamento, processamento e atuação, bem como ampliando seus raios de ação.

O emprego da cibernética tem o potencial de tornar uno os campos de batalha de ar, terra e mar, maximizando a efetividade do sistema C3I e dos fatores automatizados de detecção, processamento e atuação. Assim, a guerra cibernética pode ser definida como a guerra entre sistemas computadorizados e tem por corolário preservar a capacidade de operar efetivamente seus sistemas de defesa, em situações de paz ou conflito, e, ao mesmo tempo, buscar eliminar ou reduzir a capacidade de o inimigo fazer o mesmo.

Não têm sido raros os casos de emprego de atos de guerra cibernética em tempos de paz com o intuito de causar transtornos aos potenciais inimigos, normalmente de forma anônima. Além disso, com motivação criminosa ou anarquista, são frequentes as invasões de hackers em sistemas sensíveis da sociedade.

Sendo a estrutura dorsal do País (energia elétrica, transporte, telecomunicações, financeiro etc.) suscetível a ataques cibernéticos, constitui prioridade da Defesa Nacional o estabelecimento de processos e metodologias confiáveis de segurança. O vírus *Stuxnet*, que prejudicou o programa nuclear iraniano, e a suspeita de intervenção estrangeira no processo eleitoral dos Estados Unidos, em 2016, ilustram bem o potencial e os riscos desse tipo de ameaça.

d. Estratégia de Combate

A Estratégia de Combate pode ser entendida como a gestão do conjunto das operações das forças armadas (planejamento, emprego e controle) para a consecução de um objetivo político ou militar.

O objetivo político da Estratégia Militar é compartilhado ou em apoio ao propósito da diplomacia que visa construir alianças e convencer o inimigo a ceder, evitando ou mitigando a necessidade do combate. O objetivo militar, por sua vez, visa exclusivamente a vitória.

A Estratégia de Combate é formulada com base, dentre outros, nos objetivos pretendidos, na comparação de forças, nos ambientes das batalhas do Teatro de Operações[16] (TO) e nos cenários projetados.

- Os objetivos do estado atacante e atacado são sempre antagônicos. O primeiro normalmente visa um benefício econômico, territorial ou político; enquanto o segundo, rechaçar os ataques e retaliar o agressor. Podem ser de natureza extrema, como a rendição incondicional do inimigo, ou limitada, como a obtenção de um acordo de paz vantajoso.

---

[16] Teatro de Operações: porção de terra, mar e ar em que as batalhas poderão ocorrer.

• A comparação de forças, em quantidade e qualidade de tropas e equipamentos, incluindo seus níveis tecnológicos, define de que lado está a vantagem física.

• Os ambientes de batalhas do Teatro de Operações, ou seja, as características das suas porções de terra, mar e ar, da infraestrutura instalada de apoio e as condições meteorológicas prevalentes, sugerem a adequação ou não de suas tropas e equipamentos para a operação em cada um e no conjunto dos segmentos identificados.

• A análise dos cenários das operações e dos possíveis movimentos do inimigo indica a conveniência ou não de enfrentamentos diretos ou indiretos.

A estratégia a ser adotada, após todas as considerações, pode ser inicialmente ou predominantemente (mas, não exclusivamente) defensiva ou ofensiva. Entre uma e outra, há uma grande variedade de opções, podendo ser aplicadas, concomitante ou alternadamente, no tempo ou espaço. Não há como previamente definir se uma é melhor do que a outra, pois cada batalha é única em todos os sentidos.

A história nos proporciona exemplos de estratégias de ambas as naturezas que foram bem-sucedidas e que fracassaram. Na segunda guerra mundial, a estratégia defensiva da França, denominada de *"Line Maginot"*[17], fracassou frente à ofensiva da Alemanha, caracterizada por "Guerra-Relâmpago"[18]

---

[17] Fortificações construídas pela França ao longo de sua fronteira com a Alemanha e a Itália.

[18] Guerra-Relâmpago (*Blitzkrieg*) - emprego combinado de forças terrestres e aéreas em ataques velozes e de desfecho rápido.

(*Blitzkrieg*). Por sua vez, na primeira guerra, a estratégia napoleônica de ataque a qualquer custo foi sobrepujada pela estratégia defensiva de "Guerra de Trincheiras".

Sendo o Brasil, um país sem qualquer pretensão imperialista e constitucionalmente impedido de empreender guerra de conquista, a decisão de encetar um conflito cabe sempre ao agressor, o que, per si, lhe dá expressiva vantagem operacional. No entanto, isso não significa que as Forças Armadas estejam impedidas de adotar estratégias ofensivas contra os potenciais atacantes. Pelo contrário, não faz sentido nos prepararmos apenas para combater o inimigo no nosso território, pois, o caminho da paz duradoura está em fazer com que a nação agressora sinta o temor da guerra em sua própria casa. Também, não coíbe iniciativas de ataque ao país inimigo, quando o risco for iminente e a estratégia assim o recomendar.

Princípios de Guerra

Seja qual for a estratégia de combate adotada, é consenso entre os estudiosos da guerra que alguns princípios básicos (guias do pensamento e das decisões de comando) precisam ser observados para a obtenção da vitória. Esses princípios têm evoluído com o tempo, desde o tratado "A Arte da Guerra" de Sun Tzu[19], em função do desenvolvimento tecnológico dos sistemas e aparatos de combate.

---

[19] Sun Tzu – general e filósofo chinês (544 – 496 a.C.).

No presente, com variações decorrentes de particularidades de seus modelos de emprego militar, os seguintes princípios são comumente adotados pela maioria das forças armadas do mundo, incluindo do Brasil: do Objetivo, da Ofensiva, da Simplicidade, da Surpresa, da Segurança, da Economia de Forças ou de Meios, da Massa, da Manobra, do Moral, da Exploração, da Prontidão e da Unidade de Comando.

O significado dos Princípios de Guerra é discutido no Anexo B.

Sendo os Princípios de Guerra de conhecimento global, a maior eficiência e eficácia de suas aplicações depende fundamentalmente dos valores pessoais relativos dos comandantes e combatentes (patrimônio imaterial) das forças oponentes, apoiados por meios adequados de sistema C3I, de guerra eletrônica e de guerra cibernética. A melhor aplicação dos princípios de guerra resulta no emprego mais eficiente do patrimônio material disponível (efetivo, sistemas, armas etc.) com a obtenção de resultados favoráveis. Não raro, a história registra vitórias sobre forças superiores graças à qualidade de seus comandantes e soldados.

Objetivos Estratégicos

Vale registrar que alguns objetivos de missões das forças armadas são reconhecidos como de capital importância para o desfecho das batalhas e da guerra, sendo assemelhados em natureza à aplicação dos princípios de guerra.

- Supremacia ou Superioridade Eletromagnética: domínio do emprego do espectro eletromagnético no

Teatro de Operações. Liberdade de uso seguro dos sistemas e meios de telecomunicações, de vigilância e de processamento, possibilitando o pleno emprego do sistema C3I, impedindo ou dificultando que o inimigo possa fazer o mesmo.

• Supremacia ou Superioridade Aérea: negação do uso do espaço aéreo do Teatro de Operações por veículos aéreos inimigos. Liberdade de circulação segura dos seus veículos aéreos, dificultando ou impedindo o mesmo pela força inimiga.

• Supremacia ou Superioridade Marítima: negação do uso do mar por veículos navais inimigos. Uso irrestrito do mar pelas embarcações amigas, impedindo ou dificultando que as forças navais inimigas também o façam.

A sorte da guerra penderia inevitavelmente para o lado que lograsse conquistar a supremacia nesses três objetivos. Entretanto, com exceção de disputas entre nações com diferenças abissais de capacidade de combate (por exemplo, na Guerra do Golfo[20]), essa supremacia absoluta raramente ocorre.

O mais comum é a disputa pela obtenção da superioridade em um ou mais desses objetivos, o que significa dispor de maior vantagem comparativa no uso do espectro eletromagnético, do espaço aéreo e do mar, no tempo e no espaço. Essa vantagem, entretanto, não assegura que o inimigo

---

[20] Guerra entre uma coalizão internacional liderada pelos Estados Unidos contra o Iraque, com vistas à libertação do Kuwait (1990).

não tenha ou venha ter condições de reverter a situação, mesmo que em circunstâncias específicas.

e. Vontade Nacional

Nenhuma guerra pode ser vencida ou sequer lutada sem a perfeita coesão entre o povo e o comando das forças armadas, incluindo aí a direção política da nação. A crença comum de que o objeto da ação militar justifica o sacrifício de suas próprias vidas em benefício de um bem maior é o verdadeiro e fundamental motor da guerra e da vitória.

Independentemente e sem consideração aos conceitos de certo e errado ou de justo e injusto, a história nos mostra exemplos de guerras deflagradas e vencidas ou perdidas em razão do fator Vontade Nacional. A maior potência militar do mundo (os Estados Unidos da América) foi derrotada na Guerra do Vietnã devido principalmente à falta ou indefinição da Vontade Nacional para empreender e vencer aquela guerra.

É da Vontade Nacional que deriva a disposição e motivação dos militares para o combate, sem dúvida o mais importante fator para a vitória. Independentemente dos aparatos tecnológicos e logísticos envolvidos, a guerra é uma disputa de vontades entre seres humanos.

Destruir a vontade de lutar da nação inimiga, enquanto preserva a sua, é o principal caminho para a vitória. Tal, entretanto, vai muito além do desenvolvimento e preservação do patrimônio imaterial das forças armadas; envolve, fundamentalmente, o núcleo básico da sociedade, a família. Se não houver fé na justificativa da guerra, por que um pai aceitaria colocar seu filho ou filha em risco extremo e porque esses se empenhariam no combate? É unanime o pensamento estratégico global sobre a suprema importância da disposição para o combate para a vitória.

Para empreender e vencer uma guerra, mais do que uma causa justa e nobre, há necessidade de que o povo creia ser essa a opção derradeira para a obtenção ou preservação de algo fundamental à sua existência e valores. É imprescindível que a razão seja tão substancial e preciosa que subsista durante toda a contenda, nos momentos de sucesso e insucesso, e até na derrota. As batalhas podem ser perdidas, mas a guerra continuará por outros meios até a vitória final, leve o tempo que for. A guerra interminável entre algumas nações e povos são exemplos históricos desse tipo de motivação.

A justificativa retórica de preservação da Amazônia para a salvação do Planeta é a história-cobertura[21] que algumas nações vêm construindo para a obtenção do necessário apoio popular às suas ambições imperialistas. Mais do que o desenvolvimento de uma justificativa nobre em apoio a uma possível ação militar, a campanha maciça e repetitiva nos meios de comunicações internacionais e, lamentavelmente, nacionais, visa a enfraquecer a nossa vontade nacional. Partidos políticos que colocam a disputa interna pelo poder

---

[21] História-cobertura é a técnica de inventar um fato, situação ou condição para dissimular ou encobrir a verdade.

acima dos valores patrióticos contribuem para o sucesso da estratégia dos potenciais inimigos.

Os motivos para a Guerra do Iraque[22], de 2003, é um exemplo historicamente recente do emprego da justificativa retórica para uma intervenção militar. A suspeita, acusação, de que o Iraque dispunha de armas de destruição em massa (nuclear, químicas e biológicas) levou à invasão daquele país por forças dos Estados Unidos e aliados.

O mote unicamente defensivo das eventuais ações bélicas das nossas Forças Armadas é, por si só, nobre e plenamente justificado. Não poderia haver nenhuma outra razão mais justa e preciosa do que preservar a integridade nacional e a liberdade do povo brasileiro; não obstante, solidificar a Vontade Nacional em favor desses objetivos não é tão simples como pode parecer.

As dimensões continentais do Brasil e as dificuldades de deslocamentos internos, tanto pela carência de infraestrutura de transporte, como pelos custos impingidos, são barreiras à plena integração social da nação. Apartados e segregados por diferenças regionais (econômicas e culturais), a grande maioria dos brasileiros conhece muito pouco da sua Pátria e, mais grave ainda, sente-se como cidadão apenas do local que habita e convive.

A precariedade do sentimento comum de *terra nostra* constitui um ponto de fraqueza da defesa nacional, sujeito à

---

[22] Guerra do Iraque (2003) é também conhecida como Ocupação do Iraque, Segunda Guerra do Golfo e Operação Liberdade do Iraque.

exploração psicológica de massa por potenciais inimigos. Em curto prazo, esse óbice deve ser enfrentado por campanha maciça dos meios de comunicações; em longo prazo, pela universalização do ensino e conhecimento da Pátria em todos os seus aspectos e pelo maior envolvimento da sociedade nas questões de defesa nacional.

Quando se trata da Defesa Nacional não podem prevalecer diferenças de políticas internas ou de interesses econômicos divergentes acima do sentimento e dever patrióticos, especialmente entre os grupos formadores de opinião (políticos, professores, artistas, intelectuais, atletas, jornalistas, empresários...).

7 - Capacidade Futura de Combate

A determinação da capacidade futura de combate, ou melhor dizendo, a definição do valor estimado de capacidade de combate a ser obtido em longo prazo, embora faça uso dos mesmos indicadores de estimativa da Capacidade Atual de Combate, apresenta características diversas.

A primeira e principal incerteza está na dificuldade de determinação de uma hipótese de guerra minimamente confiável, em longo prazo, e de designar o oponente de referência. Se selecionado um, qual seria o valor de sua capacidade de combate no tempo? Assim, a solução é o estabelecimento, como objetivo a atingir, de um nível de poder militar equivalente à importância que o Brasil representa ou pretende representar no concerto das nações, no tempo aprazado.

Tomando como referência a estimativa de evolução do Produto Interno Bruto (PIB) das nações, no ano de 2030, há projeções de que o Brasil saltaria do atual oitavo para o sexto lugar no Mundo, suplantando estados tradicionalmente mais poderosos. Considerados, ainda, outros aspectos (território, população, reservas minerais, produção agrícola e industrial, desenvolvimento científico e tecnológico, etc.), se mantida a perspectiva de importância relativa do Brasil nas relações internacionais, a sua capacidade de combate, a ser desenvolvida, até 2030, deveria suplantar as do Reino Unido e da França[23], por exemplo.

A diplomacia só é efetiva se contar com o suporte de retaguarda de uma força armada de poder significativo. Para manter a paz, mesmo pacifistas como somos, precisamos contar com uma capacidade adequada de combate. Essa capacidade para ser temida não pode se restringir às forças de reação a agressões ao nosso território, mas, também, à capacidade de atacar o inimigo no coração de sua pátria. O nível do poder militar pretendido necessita atender à demanda para a dissuasão e dar o necessário suporte à diplomacia; ou seja, impor o respeito que o País merece nas relações internacionais.

O plano de desenvolvimento estratégico do poder militar é, geralmente, executado por meio de projetos de mesma natureza dos dois segmentos do Patrimônio Militar.

---

[23] Ressalvado o fato de os dois países serem potências nucleares e o Brasil estar impedido de sê-lo.

7.1 - Patrimônio Imaterial Futuro

Graças à intensa revolução científico-tecnológica dos nossos tempos, é sabido que o conhecimento acumulado da humanidade dobra a cada oito ou dez anos. A rapidez com que essa evolução ocorre traz sérias consequências a todas as atividades humanas, particularmente ao ensino e aprendizado.

Sendo o exercício da arte militar o resultado do produto de todas as ciências, a formação e a capacitação continuada do efetivo das Forças Armadas precisam estar *pari passu* com a evolução do conhecimento. Não obstante, a arte militar, porquanto acolha a introdução do estudo e aplicação de novas tecnologias, não pode prescindir do conhecimento das antigas, pois nunca se sabe quando poderão vir a ser necessárias. Quer dizer, os conhecimentos se acumulam e tal implica em enormes desafios ao desenvolvimento da formação e capacitação dos militares.

O provérbio latino *si vis pacem, para bellum*[24] (se queres a paz, prepara-te para a guerra), um axioma da doutrina militar, tem seu berço de aplicação nas escolas militares. O ideal seria contar com militares preparados e com equipamentos e armamentos de última geração; entretanto, se impraticável, a prioridade dever ser dada à formação e capacitação continuada dos recursos humanos. Tendo o efetivo preparado, a absorção rápida de novas tecnologias e equipamentos é factível; porém, a recíproca não é verdadeira.

---

[24] Frase atribuída a Flávio Vigécio (autor romano do Século IV ou V).

O permanente desenvolvimento e aprimoramento da capacidade intelectual e pessoal dos militares, na busca e manutenção da excelência do patrimônio imaterial das forças armadas, deve ser a prioridade máxima da Nação. Isso se aplica para toda a cadeia hierárquica e especialidades do corpo profissional das Forças. O poder do patrimônio imaterial militar pode ser equiparado ao de uma corrente, cuja resistência é medida pela fortaleza do seu elo mais fraco.

A preparação do militar de carreira para as exigências do combate é missão de toda a sua vida. Jovem ainda é submetido a rigorosos critérios de recrutamento e seleção; passa por desafios de formação intelectual e de adaptação à vida de caserna, incluindo a submissão ao código de honra, à disciplina e exigências físicas e morais. Formado, é designado para sua primeira unidade militar, onde inicia sua capacitação prática, recebendo atribuições e responsabilidades crescentes, sendo continuamente orientado e avaliado. É frequentemente movimentado para outras unidades, a fim de conhecer as suas peculiaridades e, principalmente, as culturas, costumes e ambientes regionais do País. Regularmente, é convocado a realizar cursos de carreira e de evolução técnica e operacional, sendo-lhe exigido um aproveitamento superior. Sendo continuamente bem-sucedido nos reptos para a progressão na carreira, é selecionado para ocupar postos de liderança e responsabilidades superiores, quando as exigências de desempenho são ainda mais rigorosas.

As qualidades requeridas do militar de carreira, além da rígida formação intelectual e higidez física, envolvem demonstrações inequívocas e constantes de tenacidade, caráter, honestidade de propósitos, cultura, conhecimentos técnicos e operacionais, lealdade, disciplina, dedicação, iniciativa, coragem, camaradagem, compromisso com a missão e desempenho profissional.

A mera possibilidade de futuro recrudescimento dos potenciais antagonismos e de ameaças à soberania nacional por oponentes dotados de forças numérica e tecnologicamente muito superior às nossas, indica a necessidade de contínua evolução do Patrimônio Imaterial para fazer frente à disparidade de poderes. Quer dizer, tornar ainda mais rigorosos e intensos os requisitos e processos de seleção, formação, capacitação e de evolução na carreira militar. Em contrapartida, é indispensável fazer com que a carreira seja relativamente compensadora, de maneira a atrair o interesse dos jovens mais promissores e reduzir a evasão de veteranos. A interação com universidades e centros de pesquisa do país e do exterior é altamente desejável.

7.2 - Patrimônio Material Futuro

O Patrimônio Material planejado ou desejado para a obtenção do necessário poder de dissuasão no futuro deve ser considerado em dois aspectos principais: Disponibilidade de Meios e Inovação Tecnológica.

O desenvolvimento de ambas as áreas é imprescindível para a composição dos bens físicos necessários à evolução da capacidade de combate. Não obstante, no que tange a sistemas e equipamentos, esses, per si, já trazem consigo um dilema de lógica nos investimentos: priorizar os meios de tecnologia consolidada e por isso mais confiáveis, porém, sem significativas vantagens qualitativas em relação ao potencial oponente; ou em novas tecnologias que possam propiciar saltos de eficiência operacional, mas, sem a necessária comprovação de que funcionariam adequadamente no combate.

Disponibilidade de Meios

As medidas voltadas para a obtenção da disponibilidade futura (quantitativa e qualitativa) dos meios físicos necessários ao nível planejado de capacidade de combate consistem, basicamente, em iniciativas voltadas ao incremento gradativo do efetivo das Forças Armadas e ao desenvolvimento da capacidade industrial e de serviços de defesa, no País.

a. Efetivo Militar

Com o passar do tempo, o efetivo das Forças Armadas pode precisar ser ajustado, conforme previsto no plano de desenvolvimento estratégico do poder militar. A previsão de dispêndios decorrentes de aumento futuro do número de militares (assim como qualquer outra despesa ou investimento na Expressão Militar) implica em considerações políticas de balanceamento entre a capacidade de combate planejada e o atendimento das carências das demais Expressões do Poder Nacional.

O incremento do efetivo traz consigo duas decorrências orçamentárias relevantes para as Forças Armadas: o aumento do orçamento direcionado ao pagamento de pessoal e o arrasto de encargos do seu sistema de proteção social com militares na inatividade e pensionistas. Essas condicionantes implicam no repto de definir um modelo de governança das nossas Forças Armadas que possibilite sobrepujar ou mitigar os óbices orçamentários à consecução dos objetivos pretendidos.

Um possível modelo de macrogestão do pessoal militar do Brasil poderia ser a combinação de duas modalidades: a divisão do efetivo profissional em segmentos temporário e permanente; e a concentração do efetivo profissional em atividades diretamente relacionadas com o combate. Essas modalidades estão comentadas no Anexo C.

b. Capacidade Industrial

Toda a produção nacional de bens e serviços, em sua mais ampla gama de utilidade para o bem-estar social e econômico da Nação, é de fundamental importância para o desenvolvimento do poder de dissuasão. Isso inclui, dentre tantos setores, os de educação, pesquisa, energia elétrica, telecomunicações, medicamentos, atendimento médico e hospitalar, alimentos, transportes, transformação, informática, extrativismos, desenvolvimento de projetos, *know-how* etc. A autossuficiência em cada um desses setores nos propicia segurança e poder; a carência, por sua vez, dependência externa e fraqueza.

Embora de significativa importância para a defesa, esses segmentos permeiam todas as Expressões do Poder Nacional, envolvem recursos extremamente vultosos e são fundamentalmente dependentes das forças do mercado para os seus desenvolvimentos. O apoio governamental para esses setores é normalmente decorrente de políticas públicas e não propriamente direcionado ao atendimento de demandas da defesa nacional.

Não obstante, alguns setores são de interesse imediato da defesa e com aplicação direta no desenvolvimento da capacidade de combate necessária à dissuasão. O conjunto dessas entidades é denominado de Base Industrial de Defesa[25], cujos produtos abrangem uma grande amplitude de componentes de emprego militar com níveis tecnológicos adequados. O desenvolvimento da necessária Base Industrial de Defesa é dependente de políticas públicas voltadas para a defesa nacional e do entendimento patriótico entre os setores público e privados envolvidos.

A política governamental deve prover a formação e preparação de recursos humanos especializados, o apoio científico e tecnológico, o incentivo para a produção e comercialização de itens de emprego geral derivados dos de defesa ou duais, e o estímulo à exportação de produtos militares (se e quando liberados). Além disso, para empresas

---

[25] O Ministério da Defesa conceitua Base Industrial de Defesa (BID) como o conjunto das empresas estatais ou privadas que participam de uma ou mais etapas de pesquisa, desenvolvimento, produção, distribuição e manutenção de produtos estratégicos de defesa – bens e serviços..

essencialmente dedicadas apenas a bens e serviços militares, sempre que imprescindível, assegurar uma demanda mínima de aquisições capaz de manter em funcionamento as suas linhas de produção.

É importante ressaltar que, exceto em situações de premência para compor a capacidade requerida de combate para a dissuasão, as aquisições das Forças Armadas devem ser paulatinas

e continuadas, de forma a assegurar a sobrevivência das empresas da Base Industrial de Defesa e possibilitar a evolução tecnológica e inovação de seus produtos, no tempo. A prática de aquisição de quantidades suficientes para atender toda a demanda de uma Força pode exigir das empresas nacionais consideráveis investimentos em infraestrutura e em pessoal, sem que lhes sejam propiciadas condições de continuidade, no tempo. Com a entrega do último item produzido, estaria satisfeita a demanda existente no mercado nacional. Em decorrência, se não for factível a compensação de receitas por vendas no mercado internacional, ou, ainda, sua adaptação à produção de itens de interesse geral, a falência seria inevitável. Ademais dos prejuízos financeiros e do desemprego, resultaria no enfraquecimento da Base Industrial de Defesa.

As empresas, por sua vez, devem se comprometer em preservar os conhecimentos científicos e tecnológicos adquiridos, manter em funcionamento a sua linha de produção dos produtos de defesa, estabelecer um plano de expansão rápida da capacidade de produção e somente comercializar esses produtos com outros países se e quando devidamente autorizados pela autoridade competente.

O Governo e as empresas devem buscar em conjunto a substituição de componentes importados e a contínua inovação dos produtos de defesa.

Inovação Tecnológica

Basta uma simples revisão das características das guerras, ao longo da história, para se entender o espantoso efeito da evolução do conhecimento e do desenvolvimento de novas tecnologias nos perfis, estilos e, principalmente, nos resultados das batalhas. Juntamente com as possibilidades permitidas pela evolução tecnológica, conceitos estratégicos e táticos inovadores têm sido aplicados, de forma a potencializar os seus efeitos contra os inimigos.

É interessante notar que, em todos os saltos tecnológicos dos aparatos e sistemas de combate, as estratégias e táticas derivadas apresentaram diversos efeitos coincidentes. Dentre todos, destacou-se a possibilidade de atingir o inimigo cada vez mais longe, resultando no crescente afastamento do ser humano do combate corpo-a-corpo e até dos campos de batalha. Assim foi, por exemplo, com o arco e flecha, a lança, a pólvora, o canhão, o avião, o míssil e, mais recentemente, o drone. Atualmente são comuns ataques precisos de misseis inteligentes e de veículos aéreos tripulados do solo lançados a centenas de quilômetros de distância do campo de batalha.

Pode-se, portanto, deduzir que, ressalvada a estratégia de combate, uma força oponente dotada de mais avançada tecnologia terá sempre melhores condições de proteger os seus soldados em combate e de infringir maiores danos ao inimigo. Ou seja, melhores probabilidades de vitória com menores perdas de vidas humanas.

Dessa forma, *ipso facto,* dotar as nossas Forças Armadas com os mais avançados armamentos e sistemas de defesa já desenvolvidos, e, se possível, deter a primazia de sua tecnologia e conhecimento, constituem os objetivos primários para o fortalecimento da nossa capacidade de combate. Não obstante, em que pese a importância de tal intento, essa tarefa é extremamente complexa, pois, mais do que recursos financeiros, depende dos níveis de capacitação científica e tecnológica dos nossos especialistas e, sobretudo, de projetos continuados no tempo.

O conhecimento materializado em tecnologias críticas[26] de defesa constitui uma valiosa fonte de poder, da qual os países não se dispõem facilmente a ceder a outros, mesmo em troca de valores astronômicos. É como diz o dito popular: *poder não se dá, não se empresta e não se vende; quem quiser que o crie ou tome à força, se puder.*

A guerra não é conduzida pela tecnologia, mas o sucesso das estratégias de defesa é cada vez mais dependente da disponibilidade e capacidade de emprego de sistemas, equipamentos e armas de tecnologia de ponta. Isso se aplica tanto no campo da surpresa tecnológica, como na prevenção de seu emprego pelo inimigo, real ou potencial.

Porquanto do mais alto interesse da defesa nacional, o desenvolvimento de tecnologias militares críticas traz igual benefício para as demais Expressões do Poder Nacional. Isso decorre, dentre outros, do potencial de aplicação social e econômica dos seus subprodutos, da geração de empregos qualificados e do desenvolvimento acadêmico nacional. É

---

[26] No contexto, tecnologias essenciais e inovadoras e com superioridade no emprego operacional em relação às demais em uso.

importante notar que as tecnologias críticas de defesa tanto podem gerar inovação de produtos de emprego civil ou derivar deles.

A despeito do Brasil ser uma das maiores economias do mundo e dos incontestáveis avanços científicos e tecnológicos obtidos em diversas áreas, as nossas Forças Armadas estão em evidente desvantagem tecnológica em relação às nações do clube atômico e espacial[27]. Além dos esforços para a obtenção de um nível de equidade com os meios tecnológicos atuais, há ainda que ser considerado o contínuo avanço tecnológico de defesa das potências mundiais.

Caso não consigamos, ao longo do tempo, igualar ou pelo menos reduzir a diferença tecnológica a níveis que possibilitem um razoável poder dissuasório, estaríamos ainda mais vulneráveis no futuro do que estamos hoje, em relação às grandes potências militares.

Todas as tecnologias são fundamentais para a defesa, tanto quanto o são para o desenvolvimento nacional. Entretanto, as visões e os maiores temores das guerras do presente e do futuro próximo e remoto reservam um lugar especial para as ameaças — veladas e ostensivas — e atos de agressão associados aos setores cibernético, espacial e nuclear. Disso resulta a prioridade da Estratégia Nacional de Defesa de contarmos com medidas dissuasivas efetivas nessas áreas. O Anexo C discorre sobre as tecnologias cibernética, espacial e nuclear, priorizadas da Estratégia Nacional de Defesa – END.

---

[27] Nações dotadas de arsenal nuclear, mísseis de longo alcance e exploradores espaciais.

Armas Químicas e Biológicas

O Brasil é signatário da Convenção sobre a Proibição do Desenvolvimento, da Produção e do Armazenamento de Armas Bacteriológicas e Tóxicas e sobre sua Destruição, de 1972. Em razão disso e por questões humanitárias, os estudos e planos de desenvolvimento de novas tecnologias nessas áreas restringem-se a meios de proteção, contenção e mitigação dos seus efeitos.

As armas químicas são normalmente empregadas no campo de batalha e sua amplitude é limitada à área atingida e cercanias. Lamentavelmente, há relatos recentes de seu emprego criminoso em diversos batalhas. Ataques com essas armas, no atual conflito na Síria, por exemplo, mostraram os seus terríveis efeitos, atingindo indiscriminadamente todas as pessoas (e animais), indiferentemente se inimigos ou não.

As armas biológicas, por sua vez, mesmo que empregadas localmente, têm possibilidade de se propagar continuamente. Não existem barreiras físicas para a sua expansão, podendo atingir todos os continentes, até que sejam desenvolvidos os antídotos ou vacinas contra os seus agentes patógenos. A recente pandemia do Covid-19[28] é um exemplo do poder devastador de um novo vírus, para o qual ainda não há antídotos, na sociedade globalizada. Ainda mais preocupante é seu potencial de emprego em tempos de paz, visando enfraquecer a economia e a capacidade de lutar de um ou mais países inimigos.

---

[28] Mais conhecida como Novo Corona Vírus, cuja pandemia iniciou-se na China.

CONCLUSÃO

Na Primeira Parte, buscou-se avivar conceitos sobre as naturezas e motivações das guerras; tecer considerações sobre o potencial de riscos à paz; e indicar possíveis formas de prevenir e mitigar as eventuais agressões à soberania nacional, particularmente na Região Amazônica. Ressaltou-se a necessidade de desconstrução da Justificativa Retórica e de construção do Poder Dissuasório.

O Poder Militar e o seu Patrimônio, ou seja, o conjunto dos bens à disposição das Forças Armadas para a defesa nacional, foram discutidos na Segunda Parte. Procurou-se refletir sobre a complexidade e oportunidade de investimentos em defesa, em face a carências sociais e econômicas do país, bem como, sobre a alternativa de projetos e de missões subsidiárias de cunho estratégico. Destacou-se a necessidade vital de investimentos na formação, capacitação e desenvolvimento do ser humano soldado, em todos os níveis hierárquicos, como forma prioritária de construção do poder militar.

Na, Terceira Parte, foram tratadas as questões relativas ao fator determinante do poder de dissuasão do país, a Capacidade de Combate, presente e futura, de nossas Forças Armadas.

No plano analítico da realidade presente, foram identificados e conceituados os principais elementos contribuintes para a formação da capacidade de combate. Em especial, no que concerne à capacidade física de combate, foi sugerida uma fórmula para padronizar e facilitar a avaliação do valor relativo de nossas Forças, frente a de um eventual inimigo.

No campo das perspectivas futuras, foram destacados os principais fatores de desenvolvimento do nosso Poder Militar, com ênfase em investimentos prioritários no segmento científico e tecnológico, na ampliação da indústria nacional de serviços e produtos de defesa e no continuado aperfeiçoamento do nível de competência de nossos militares.

Finalmente, espera-se que a narrativa tenha alcançado o seu objetivo primário de despertar a consciência da responsabilidade e o interesse do leitor (civil ou militar) no complexo e vital tema da defesa da Pátria.

ANEXO A- Exemplo Típico e Simplificado de Cenário e de Cálculo da Capacidade Física de Combate

As situações de combate são sempre muito complexas e envolvem diversos parâmetros e componentes. Da mesma forma, a determinação do valor relativo da capacidade física de combate, como ferramenta de auxílio à decisão do comando, é fruto de intricada equação. O exemplo apresentado é apenas ilustrativo (extremamente simples) da aplicação da metodologia proposta.

Supondo um Grupo de Aviação Alfa com a missão de interceptar e destruir eventuais aeronaves incursoras inimigas, em uma determinada região afastada de sua base. Feita a análise comparativa como o Grupo de Aviação Beta (inimigo), ambos equipados com igual números de aeronaves de características e performances semelhantes, os seguintes resultados foram obtidos:

- Detecção: As aeronaves do Grupo Alfa com o auxílio dos sensores terrestres têm capacidade de detectar os movimentos das aeronaves inimigas a partir de 40 quilômetros, superior em 20% de alcance a mais do que as do Grupo Beta.

  $D = 1.2$

- Processamento: As aeronaves de ambos os Grupos têm capacidade idêntica de processamento dos dados detectados.

P = 1

- Atuação: O alcance efetivo dos mísseis do Grupo Alfa é de no máximo 10 quilômetros, enquanto os do Grupo Beta atingem até 20 quilômetros, ambos com a mesma efetividade.

A = 0,5

- Posicionamento: Dada à distância da base do Grupo Alfa à região a ser defendida, o longo tempo entre a detecção e a interceptação das aeronaves incursoras, possibilita apenas cinco minutos de autonomia para o combate, Por outro lado, as do Grupo Beta, apoiados com a facilidade de reabastecimento em voo, podem combater por vinte minutos.

Po =0,25

- Capacidade Física de Combate:

  Sendo D=1,2; P=1; A=0,5 e Po=0,25

  CFC = (D) x (P) x (A) x (Po)

  CFC = 0,15

- Análise dos indicadores: Embora o produto (CFC igual a 0,15) mostre de pronto uma significativa desvantagem do

Grupo Alfa em relação ao Beta, é imprescindível a análise dos fatores para determinar se há oportunidade de aplicação de procedimentos estratégicos ou se os investimentos são imprescindíveis.

Verifica-se o seguinte: a deficiência de posicionamento, eventualmente, poderia ser mitigada pelo desdobramento da unidade para uma ou mais bases próximas da área de conflito ou até a saturação de aeronaves no setor. Entretanto, a mitigação da desvantagem do fator atuação implicaria na necessidade premente de substituição do sistema de armas da aeronave por outro de maior alcance; a substituição do tipo de aeronave ou, ainda, a atribuição da missão do Grupo para outra unidade.

ANEXO B - Potenciação da Capacidade Física de Combate – Comentários Complementares

Com vistas a complementar o entendimento sobre as suas possibilidades de potencializar a Capacidade Física de Combate, seguem informações complementares sobre o sistema C3I, a Guerra Eletrônica e os Princípios de Guerra.

1 - Coordenação, Comando, Controle e Inteligência (sistema C3I)[29]

As funções típicas do sistema C3I são:

- Coordenação: habilidade de estabelecer e manter ligações entre organizações militares, de forma a possibilitar a execução de ações coordenadas;

- Comando: viabilidade do exercício pleno e continuado da autoridade do comandante, possibilitando a emissão, recebimento e entendimento das ordens;

- Controle: habilidade de consciência situacional da área de operações e de conhecimento imediato dos resultados da execução dos planos e ordens, de forma a possibilitar as reações adequadas e oportunas a óbices e antagonismos não previstos; e

- Inteligência: viabilidade de obter, processar e difundir informações necessárias ao planejamento e ao combate, de maneira oportuna, possibilitando maior eficácia às funções de coordenação, comando e controle. Essas informações

---

[29] Em alguns países o "I" do sistema C3I significa "Informações".

abrangem tanto as intenções e atividades das forças inimigas, como das amigas.

Em termos físicos, o C3I é suportado por um aglomerado de redes de telecomunicações, sensores e radares (fixos e móveis), satélites e aeronaves de vigilância, computadores, centros de comando e controle, e outros, operando de forma integrada. Todos os seus componentes necessitam ser dotados de eficazes aparatos de segurança contra ações hostis, espionagem e interferência eletrônica.

2 - *Guerra Eletrônica*

Didaticamente, a Guerra Eletrônica pode ser dividida em três atividades distintas:

a. Reconhecimento Eletrônico - ações para a detecção, interceptação, identificação e localização de fontes de energia eletromagnética irradiada pelo inimigo. Sendo uma atividade passiva, é normalmente aplicada desde os tempos de paz, de forma a formar uma consciência situacional da capacidade de vigilância e comunicações do país alvo.

O Reconhecimento Eletrônico pode receber várias designações, conforme suas características:

Inteligência de Sinais que, por sua vez, é subdividida em três áreas: Inteligência de Comunicações focada em comunicações entre pessoas; Inteligência de Eletrônicas direcionada à obtenção de dados sobre a rede de defesa do inimigo, como tipos, localização e alcance de radares e outros sensores; e Inteligência de Sinais de Instrumentação

Externa dedicada à obtenção de dados de comunicações entre máquinas ou sistemas, como telemetria de mísseis e de controle de satélites.

b. Ataque Eletrônico ou Contramedidas Eletrônicas (podendo ser empregados bombas e mísseis específicos para esse fim) com vistas à destruição ou redução da capacidade de Reconhecimento Eletrônico e, consequentemente, de combate do inimigo. Quando isso é feito por meio do emprego de energia eletromagnética, a ação é normalmente designada de interferência intencional ou *jamming*. Especificamente, o ataque eletrônico tem por alvo o sistema C3I e os fatores de detecção, processamento e atuação do inimigo.

c. Proteção Eletrônica ou Contra-Contramedidas Eletrônicas – são as ações ou medidas dirigidas à neutralização dos ataques eletrônicos. Como exemplos de medidas de proteção eletrônica pode-se citar o uso de *flares*[30] (para desviar a direção de mísseis atraídos por emissões infravermelhas dos motores), mudança automática e pseudoaleatória de frequências etc.

3 - *Princípios de Guerra*

Em síntese, os Princípios de Guerra têm o seguinte significado:

---

[30] *Flares*: rojões pirotécnicos de alta intensidade.

• Princípio do Objetivo: determinação de objetivos claros e factíveis para os quais todas as ações militares devem concorrer, sem desvios de finalidade;

• Princípio da Ofensiva: manutenção da iniciativa das operações e determinação do andamento dos combates, mantendo o inimigo na defensiva;

• Princípio da Simplicidade: emprego de planos e ordens com concepções claras e inteligíveis, de forma a evitar equívocos e facilitar as atividades de coordenação, comando e controle;

• Princípio da Surpresa: realização de movimentos, ações e ataques onde quando o inimigo não espera ou não está preparado para reagir;

• Princípio da Segurança: adoção de medidas necessárias à liberdade de ação e preservação do poder de combate das suas forças. Em suma, restringir a liberdade de ação do inimigo e evitar que realize operações de surpresa;

• Princípio da Economia de Meios: emprego judicioso dos meios disponíveis para a obtenção do esforço máximo nos confrontos decisivos. Visa a obtenção do máximo de rendimento com o mínimo de esforço;

• Princípio da Massa: aplicação de forças superiores às do inimigo, em quantidade e qualidade, no local e momento decisivo para o desfecho da batalha;

• Princípio da Manobra: movimentação de tropas de forma rápida e eficiente de forma a obter a superioridade, preservar a liberdade de ação e obter uma posição de vantagem em relação ao inimigo;

• Princípio do Moral: Manutenção de um elevado nível de moral de cada indivíduo e do seu conjunto, com vistas preservar os fundamentos dos valores imateriais da tropa;

• Princípio da Exploração: intensificação das ações ofensivas para aproveitamento do êxito ou da evolução favorável do cenário, sempre que a oportunidade surgir e a estratégia recomendar;

• Princípio da Prontidão: manutenção da capacidade de emprego imediato das forças, onde e quando for necessário;

• Princípio da Unidade de Comando: emprego de todas as forças e meios sob um único comando, quer dizer, em plena convergência dos esforços em favor dos objetivos fixados.

ANEXO C – Patrimônio Material Futuro – Comentários Complementares

No que concerne ao desenvolvimento da capacidade futura de combate, dois tópicos carecem de complementação para o seu melhor entendimento: as opções de macrogestão do pessoal militar e a descrição das tecnologias designadas como prioritárias pela Estratégia Nacional de Defesa.

1 – Macrogestão do Pessoal Militar

Divisão do Efetivo Profissional

A divisão do efetivo profissional das Forças Armadas em segmentos temporário e permanente, embora com diferentes peculiaridades, já é uma prática que vem sendo adotada por diversos países, inclusive o Brasil. Tem por finalidade primeira a redução dos encargos futuros do sistema de proteção social.

O segmento temporário seria composto por homens e mulheres recrutados para servirem como militares por um tempo determinado e em condições especificadas. Atuariam prioritariamente em atividades executivas, em diversos quadros e especialidades, e poderiam ascender até certo posto ou graduação. Ao término do tempo de serviço estipulado, o militar temporário seria licenciado com as vantagens pecuniárias definidas nas condições de recrutamento, porém, sem qualquer outro direito. Isso permitiria aumentar o efetivo real das forças armadas, de forma permanente ou conjuntural, sem incrementar proporcionalmente os arrastos no seu sistema de proteção social. No campo social, traria como vantagem o aumento do índice de empregabilidade de jovens e a oportunidade de prática e aperfeiçoamento profissional.

O Segmento Permanente seria formado pelos militares de carreira, oriundos ou não das Escolas Militares, os quais seriam continuamente preparados e avaliados para o exercício de atividades de maior complexidade e responsabilidade. Poderiam galgar todos os postos da carreira militar, dependendo do mérito de cada um.

Em que pese, no entanto, o sucesso do esforço pessoal e os recursos investidos na capacitação do pessoal permanente, um bom número deixa o serviço ativo ainda em condições de higidez física e mental para continuar contribuindo para a missão da sua Força. Isso se deve às exigências do fluxo de carreira que não possibilita a ascensão de todos aos postos mais elevados. Esses militares passam a compor a reserva das Forças Armadas podendo vir a ser convocados para a ativa em caso de necessidade, até certo limite de idade.

Considerando que vários desses militares alcançaram níveis de excelência em áreas de conhecimento específicos militares, é importante que as Forças Armadas pudessem continuar a contar com seus serviços, mesmo que em áreas não diretamente relacionadas com o combate. Uma solução já em prática é o voluntariado para servir na modalidade de Tarefa por Tempo Certo[31].

---

[31] Tarefa de Tempo Certo (TTC) é uma medida de gestão de pessoal militar que permite o recrutamento de militares inativos para a prestação de serviços temporários.

Concentração no Combate

A concentração do efetivo profissional em atividades diretamente relacionadas com o emprego em combate traz a vantagem de aumentar a produtividade na consecução da desejada capacidade de combate. Ou seja, haveria um aumento significativo da proporção do efetivo profissional destinado ao combate em relação ao dedicado às atividades complementares de preparação e apoio ao combate.

Suas vantagens são óbvias, entretanto, as atividades complementares não podem deixar de ser executadas com a eficiência requerida, sob pena de vir a prejudicar significativamente a capacidade de combate. Uma forma de sobrepujar esse óbice seria a delegação gradual das atividades complementares a organizações do terceiro setor ou a terceirização para empresas nacionais, ambas dirigidas e controladas por militares na inatividade. Essa precaução é imprescindível para assegurar a plena identidade e harmonização de objetivos e interesses.

2 – Tecnologias Prioritárias

Cibernética

A cibernética, como ciência, é o estudo dos autocontroles encontrados em sistemas estáveis, sejam eles mecânicos, elétricos ou biológicos. Como tecnologia, pode ser entendida como a aplicação voltada para a transferência ou associação da estrutura cognitiva dos humanos para máquinas, potencializando suas capacidades de sensoriamento, processamento e atuação, bem como ampliando seus raios de ação.

De forma sinóptica, a cibernética, no campo da defesa, trata da capacidade de infligir danos com eficácia ao inimigo, sem expor seus agentes ou mitigando os riscos. Parte-se do princípio lógico de que o campo de batalha é perigoso demais para o ser humano, e, por isso, quanto mais afastado puder ser mantido dos combates ou protegido de seus efeitos, melhor. Quando um ou ambos os lados do conflito aplicarem esse conceito, estaríamos no que é chamado de batalha cibernética, imaginada por tantos futuristas e vivenciadas parcialmente em atos recentes, como na Guerra do Golfo.

A guerra cibernética pode ser definida como a "guerra entre sistemas", tendo por corolário: preservar a capacidade de operar efetivamente seus sistemas de defesa, em situações de paz ou conflito, e, ao mesmo tempo, buscar eliminar ou reduzir a capacidade de o inimigo operar seus sistemas. Poderia ser considerado mais um "princípio de guerra" para os enfrentamentos do futuro.

O emprego da cibernética, por sua capacidade de evolução, tem o potencial de tornar uno os campos de batalha de ar, terra e mar, aproximando-os no tempo pela simultaneidade com que podem ocorrer.

Atualmente, esse potencial é plenamente reconhecido, sendo que muitos países já estabeleceram organizações militares formais para proteção e desenvolvimento de suas capacidades ofensivas e defensivas.

As preocupações atuais concentram-se na proteção ou segurança contra as intervenções criminosas ou atos de guerra perpetrados pelos chamados *hackers*. Isso ganha relevância quando verificamos que a infraestrutura dorsal do Brasil é suscetível a ataques cibernéticos, ou seja, os sistemas de eletricidade, telecomunicações, transporte e até o financeiro.

Espacial

As histórias das batalhas sempre mostraram os Generais buscando ocupar os pontos geográficos mais altos, de forma a estender o seu campo de visão, controlar os movimentos das tropas, manter comunicação com os comandantes das frações de tropa e atingir os inimigos com mais eficácia.

Esse movimento estratégico, ao longo do tempo, não perdeu a sua importância para o resultado das batalhas e, atualmente, pode ser realizado com maior eficiência e abrangência de extensas áreas, com o emprego de meios eletrônicos, especialmente satélites de comunicação e vigilância.

Restringindo as considerações ao que pode vir a ser exequível obter num futuro próximo. O desenvolvimento da capacidade nacional de construir e lançar veículos espaciais aptos a colocarem satélites em órbita — circular e geoestacionária — bem como, de projetar seus satélites com funções estratégicas próprias, colocará o Brasil no seleto círculo dos estados que detêm esse domínio tecnológico. O sucesso nesse empreendimento proporcionará condições mais favoráveis para o fortalecimento da capacidade de combate e, consequentemente, para o exercício da Defesa Nacional.

O foguete de longo alcance, com potencial de transportar carga significativa e atingir qualquer ponto da Terra, traz consigo um forte fator de dissuasão contra eventuais ameaças internacionais.

Por sua vez, os satélites com funções estratégicas próprias permitirão o estabelecimento da necessária rede de defesa nacional de comunicações, posicionamento (navegação), vigilância e controle, permitindo ações mais seguras, coordenadas e integradas das nossas Forças Armadas, em todo o Território Nacional e áreas de interesse estratégico.

Um passo importante, conforme especificado na Estratégia Nacional de Defesa, é o de buscar a independência do País em relação aos sinais dos sistemas globais de posicionamento (navegação) por satélites, sobre os quais o Brasil não detenha um adequado nível de controle. Não se entende como viável, em curto prazo, que possamos lançar e operar uma extensa rede de satélites específicos para um sistema nacional, mas os esforços que estão em andamento no Brasil conduzem para uma situação de relativa e progressiva redução da dependência nesse campo.

Nuclear

Ao se pensar em tecnologia nuclear, na área de defesa, vem logo à mente o dispositivo constitucional que veda o desenvolvimento e emprego de armas nucleares pelo País, bem como a adesão do Brasil ao Tratado de Não Proliferação de

Armas Nucleares, o que impede qualquer programa direcionado para a bomba atômica.

O fato de o Brasil ter abdicado de fazer parte do chamado "clube" de potências atômicas, não significa que os estados desse "clube" tenham, por sua vez, destruído seus arsenais nucleares ou renunciado ao poder relativo que desfrutam no contexto das relações internacionais. A simples existência de um arsenal de bombas atômicas constitui, mesmo que latente, uma séria e potencial ameaça à defesa brasileira. Ou seja, embora roguemos que jamais tal ameaça venha a ocorrer, não há como olvidar do dever de desenvolver uma capacidade nacional de proteção contra potenciais ameaças nucleares reais.

O campo nuclear, entretanto, abrange muito mais do que suas terríveis armas. Trata-se de uma fantástica fonte de energia, cuja capacitação nacional e desenvolvimento de tecnologias podem propiciar ao Brasil avançadas condições para a defesa nacional e desenvolvimento econômico e social, incluindo nas áreas de saúde e de agricultura.

O desenvolvimento do projeto do submarino de propulsão nuclear, além de elevar em muito a capacidade de dissuasão e o nível do poder de combate naval, propiciará o domínio de tecnologias de geradores nucleares de pequeno porte, podendo resultar em produtos que poderão ser aplicados em diversas situações militares e civis.

Outras

Não obstante, a lista de áreas de interesse é bem mais ampla e envolve praticamente todos os campos do conhecimento científico capazes de contribuir para a melhoria do desempenho dos fatores Detecção, Processamento, Posicionamento e Atuação.

São consideradas críticas as tecnologias com potencial de aumentar significativamente o valor de nossa capacidade de combate; e, se possível, suplantar ou equiparar o desempenho operacional com as forças mais bem equipadas do mundo.

Todos os projetos científicos e tecnológicos de iniciativa e interesse das universidades, de centros de pesquisa e de empresas privadas são importantes para a capacitação da defesa nacional. Entretanto, é imprescindível que as Forças Armadas acompanhem os desenvolvimentos desses projetos e prestem o apoio e estímulo necessários àqueles de maior interesse militar. Ademais, é de fundamental importância que sejam estabelecidos projetos estratégicos de Estado para o desenvolvimento de produtos prioritários para a defesa nacional, em parceria com universidades, centros de pesquisa e empresas nacionais, com vistas à obtenção de resultados no mais curto tempo.

A capacitação científica e tecnológica da Nação passa necessariamente pelo ensino e gestão do conhecimento, avançando pela operacionalização do preparo e, se inevitável, do emprego efetivo dessas tecnologias em situações de conflito. Essa é uma condição primária e absolutamente essencial para os esforços de defesa nacional, de hoje e do futuro.

Por sua vez, o desenvolvimento nacional dos setores estratégicos constitui tarefa continuada e de longo prazo e pode ser entendido como a soma dos esforços na aplicação das políticas governamentais de todos os seus segmentos, particularmente dos Ministérios da Defesa, da Educação e da Ciência e Tecnologia. Envolvem, dentre outros, a formação e manutenção no País de cientistas, o estímulo às atividades de pesquisa e de transformação dos seus resultados em tecnologia com potencial de industrialização dos produtos concebidos.

A partir desse ponto, as ações são voltadas à adequação e sustentação da Base Industrial de Defesa, cujo resultado é a desejada produção, no País, do que for de domínio tecnológico nacional, com ênfase para a inovação, nos níveis das necessidades nacionais.